シリーズ「遺跡を学ぶ」

093

# ヤマト政権の一大勢力

## 佐紀古墳群

今尾文昭

新泉社

# ヤマト政権の一大勢力
## —佐紀古墳群—

今尾文昭

【目次】

装幀　新谷雅宣
本文図版　松澤利絵

# 第1章　奈良盆地北部の大古墳群

## 1　佐紀古墳群の特性

### 奈良盆地と山城盆地の結節点

青垣四方にめぐる奈良盆地も、北部はなだらかな丘陵となる。平城京北方の丘陵は、盆地平坦部との高低差一〇〜二〇メートル（標高九〇〜一〇〇メートル前後）、古くから「奈良山」とよばれてきた。平城山・那羅山・諾楽山・椎山などとも書かれる。ここを越えると山城で、木津川の向こうには南山城の盆地が広がる（図1）。丘陵一帯は、大和と山城の結節点にあたっており、平城京への物資の搬入は、木津川河岸の「泉津《いずみのつ》」で荷揚げされた。古墳時代においても淀川水系につながる交通の要衝となったことは想像にかたくない。

東半を佐保丘陵、西半を佐紀丘陵とよびならわすが、古代には、「所布《そふ》」（添・層富・曾布の表記もある）とよばれた一角にあたる。「所布」は、大宝律令施行後には下ツ道東側の添上郡《そうのかみ》、

◀図1●**奈良盆地北部の佐紀古墳群**（南から、1970年8月撮影）
大形前方後円墳8基、中形前方後円墳7基、小形前方後円墳（帆立貝形前方後円墳を含む）6基、大形円墳3基以上、陪塚、小形円墳・方墳など総数67基以上の大古墳群。この地は歌姫越え、ウワナベ越えで木津川につながる。上津（こうづ）遺跡は古代の泉津に含まれると考えられる。

木津川
上津遺跡
佐紀丘陵
五社神古墳
歌姫越え
ウワナベ越え
ヒシャゲ古墳
佐紀石塚山古墳
秋篠川
佐紀御陵山古墳
水上池
佐紀高塚古墳
市庭古墳
コナベ古墳
ウワナベ古墳
平城宮
佐保川
佐紀古墳群

西側の添下郡《そうのしも》に分かれたと考えられており、添上郡が佐保川、菰川《こも》の上流、添下郡が秋篠川《あきしの》の流域となる。佐保丘陵、佐紀丘陵はこれらの河川に東西からはさまれる。

このうち佐紀丘陵縁辺にあり、平城宮の北に営まれた大古墳群が佐紀古墳群である（図2）。西の京丘陵の一群を加えると大形前方後円墳八基、全体では前方後円墳二〇基以上、推定を含むが大形円墳三基以上、また陪塚などで構成され、古墳時代前期から中期に営まれた。

## 巨大性・階層性・継続性・集中性とその累積

佐紀古墳群には構成上、形成上、つぎの①から④の特徴が認められる。

①佐紀御陵山《さきみささぎやま》古墳・佐紀石塚山《いしつかやま》古墳・五社神《ごさし》古墳・宝来山《ほうらいさん》古墳・コナベ古墳・市庭《いちにわ》古墳・ウワナベ古墳・ヒシャゲ古墳といった墳長二〇〇メートルを超える大形前方後円墳が八基、含まれる。

②大形前方後円墳に併行して築かれた墳長一二〇メートル前後・一〇〇メートル前後・七〇メートル前後の中形前方後円墳、帆立貝形前方後円墳、直径五〇メートルの大形円墳、大形前方後円墳の周囲に配置された陪塚群、また埴輪棺などの従属葬により構成される。規模・墳形には見るからにちがいがある。つまり、古墳間に可視化された階層性が認められる。

③古墳群が形成された時期は、前期後葉から中期末葉までの長期間におよぶ。大形前方後円墳八基はそれぞれ微妙に時期差があると見込まれるので、それを世代ごとの職位継承者による築造とみてよいならば、短く見積もって一〇〇年間、おそらくは一五〇年間近くになろう。一

世紀を越える長期にわたり、安定した継続性のある古墳群形成がみられる。

④各古墳が連続して集中的に営まれた。あとにふれるが秋篠川左岸の丘陵西端から東へ小規模な谷を隔ててふたたび丘陵があらわれる。「歌姫越え」からは、少し段差をもち水上池を経てまた丘陵があらわれる。東端の「ウワナベ越え」まで五回程度の起伏があるが、そのいずれにも前方後円墳の配置がある。つまり分布に集中性が認められる。

このように佐紀古墳群の営みには、①巨大性・②階層性・③継続性・④集中性といった特性がある。じつは、こういった特性が備わるのは近畿中部の大和《おおやまと》・柳本《やなぎもと》古墳群（私

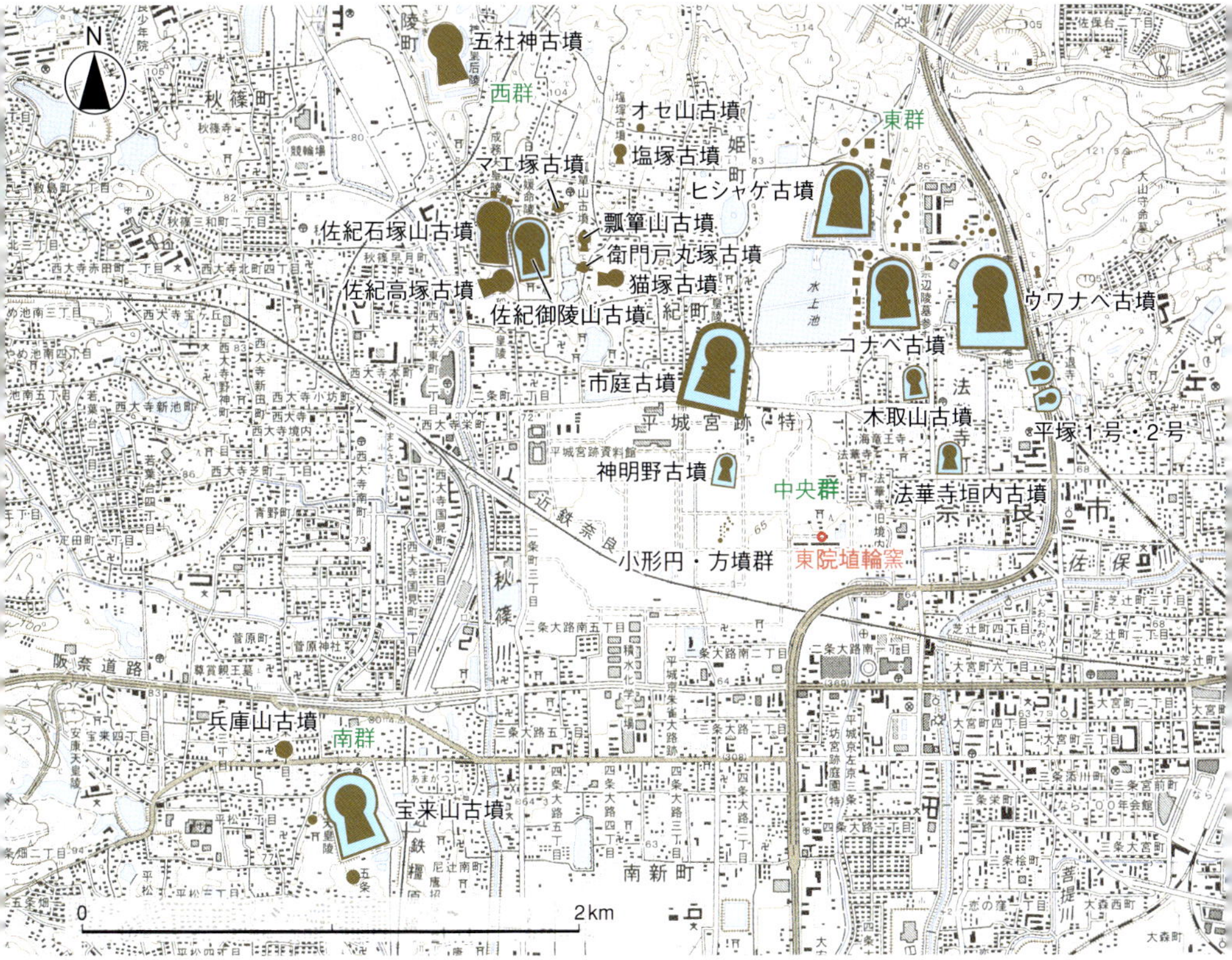


図2 • 佐紀古墳群の分布

は桜井茶臼山古墳やメスリ山古墳を含めて山辺《やまべ》・磯城《しき》古墳群と呼称することを提唱しているが、本書では従来から使われている名称を原則使用する）、佐紀古墳群、馬見《うまみ》古墳群、百舌鳥《もず》古墳群、古市《ふるいち》古墳群であり、これらを大古墳群とよびたい（図3）。

　これらの大古墳群間には、墳形・副葬品・埴輪等々の共通性、さらには儀礼―祭祀にも共有する点が認められ、それぞれに連携した運営があったとみるが、より高次の政治的関係にあった可能性もある。考古学からの証明はむずかしいが、首長間における婚姻関係など実際の血縁にもとづく同族形成が進行していたかもしれないし、一定の王臣関係が首長間で結ばれていたかもしれない。大古墳群の存在は、言い換えると古墳時代の経済力、政治権力の蓄積の可視化であり、その消長は大古墳群を経営し

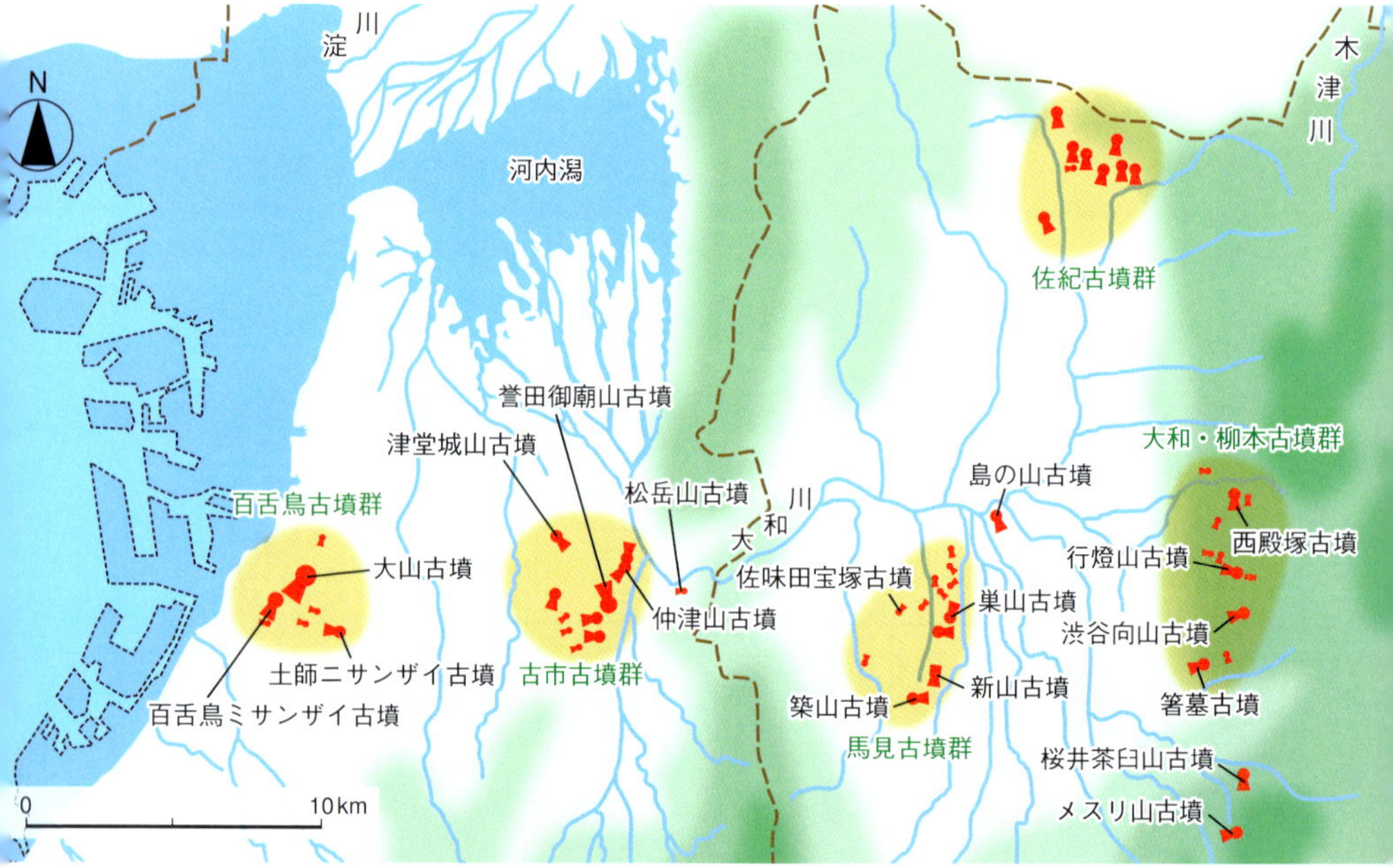


**図3 ● 近畿中部の大古墳群**
古墳時代の大和川は直接、大阪湾に注ぐわけではなく、生駒山西麓を北流して「河内潟」に河口を開く。木津川も「巨椋池」を経て淀川に合流する。地域間交流には、舟運も多く用いられたことだろう。

たその政治勢力の動向を示したものと考えてよいだろう。

佐紀古墳群からみると、古墳時代前期に併存するのは大和・柳本古墳群、馬見古墳群、古墳時代中期では百舌鳥・古市古墳群、それに引きつづき馬見古墳群があがるが、外的な相互関係は前期と中期では変化する。

一方、同一古墳群を構成する各古墳と大形前方後円墳の関係性には、内的な権力構造および構成があらわれていると想定するが、これにも変化があるかもしれない。古墳群の構造分析を試みる意味はここにある。本書ではこういった問題意識を念頭に佐紀古墳群を紹介していく。

なお佐紀丘陵から西方には、秋篠川が織りなす沖積地が発達している。

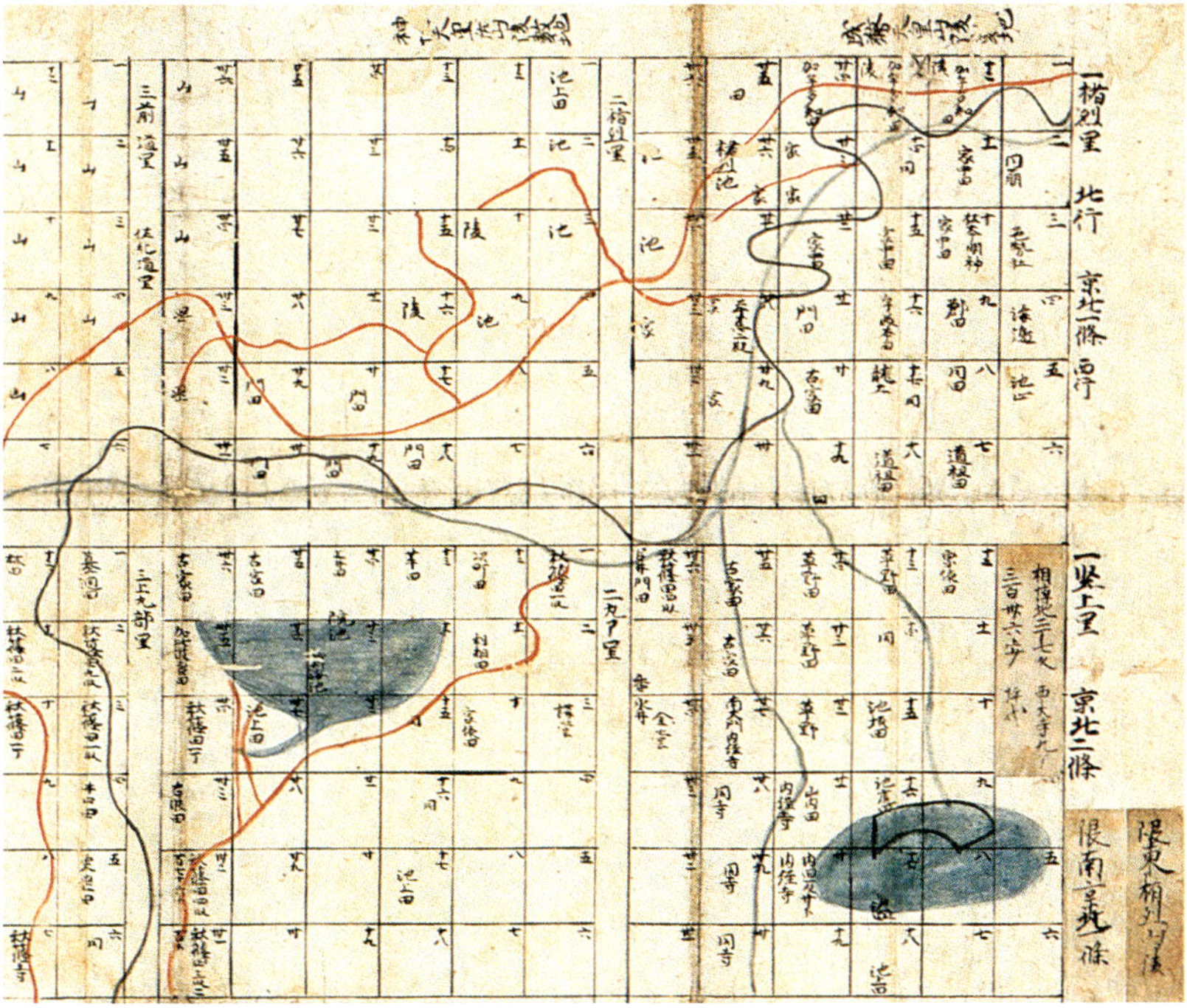

**図４●「大和国添下郡京北班田図」**（部分）
京北一条一・二里に「池」の表記がひろくみられる。このうち、京北一条一里楯烈里廿六坪に「楯烈池」とある。また「神功天皇后山陵敷地」「成務天皇山陵敷地」の表記が五社神古墳、佐紀石塚山古墳の該当位置にある。

楯列池《たてなみいけ》がこの一角にあった。平安時代初め頃の現地の様子を伝える「大和国《やまとのくに》添下郡《そうのしもぐん》京北班田《けいほくはんでん》図《ず》」京北一条一・二里の「楯烈里」には、「池」表記が広がっている（図4）。あとに記すが楯列池は陵名にもとりこまれた。巨大前方後円墳が近接して築かれた情景を、古代の盾を並べたようだと形容して佐紀《さき》盾列《たたなみ》古墳群と呼称した解説に接することがあるが、「楯烈里」は添下郡佐貴郷の一部におかれた里の名称であり、全体を称するには不適である。よって佐紀丘陵の東西にまたがる古墳群の総称としては、佐紀古墳群とするのが適当であろう。

## 2　陵墓の〝再発見〟

### 元禄の修陵事業

一六九七年（元禄一〇）九月九日のことである。奈良奉行所から大和国内の各村の庄屋や年寄に山陵探索を命じた廻状が発せられた。記録にあがる大和国内の「三三帝陵」が対象となった。添下郡では、九月一二日までに垂仁《すいにん》・成務《せいむ》・神功《じんぐう》・安康《あんこう》・称徳《しょうとく》の「天皇之御廟所」を吟味して報告するようにとされた。江戸幕府による元禄修陵事業のはじまりである。

考定作業は『古事記』『日本書紀』（以下、併記する場合は「記紀」とする）や『延喜式』に記載された陵墓所在記事と地元伝承の対応を吟味することにあった。当時、添下郡の各村からの回答は、安康陵を不分明とした以外に、佐紀御陵山古墳を「神功皇后御陵」、佐紀石塚山古墳を「成務天皇御陵」（図5）、五社神古墳を「称徳天皇御陵」、宝来山古墳を「垂仁天皇御陵」とした。回答内容には、考定の過程や現況報告も示される。たとえば「字 寶來山／一 垂仁天皇御陵　但新田邊親王也と両説申候」とある点など公平な記述態度は、近代以来、陵墓治定《じじょう》が固定化されてしまった今日からみると、かえって新鮮にさえ感じられる。

元禄修陵事業では、奈良時代に即位した称徳（孝謙《こうけん》）天皇も含めて、添下郡の陵墓は佐紀古墳群のうちの巨大な前方後円墳にあてられた。添上郡でも照会された陵墓のうちウワナベ古墳に「聖武帝御車」、コナベ古墳に「光明皇后御車」が埋められたところという伝承があることを、持山として管理する法華寺の役人が回答している。

もちろん、元禄の修陵事業の在地からの回答には、その後の考証での変更や「記紀」、『延喜式』に山陵所在地がのる皇后陵などが追加された。現陵墓の比定とは異なる点もあるが、最初の回答で古代陵墓とされた前方後円墳は、陵墓もしくは陵墓参考地として今日、宮内庁管理下の古墳、すなわち天皇陵古墳となる。北から五社神古墳、佐紀石塚山古墳、佐紀御陵山古墳、東にコナベ古墳、

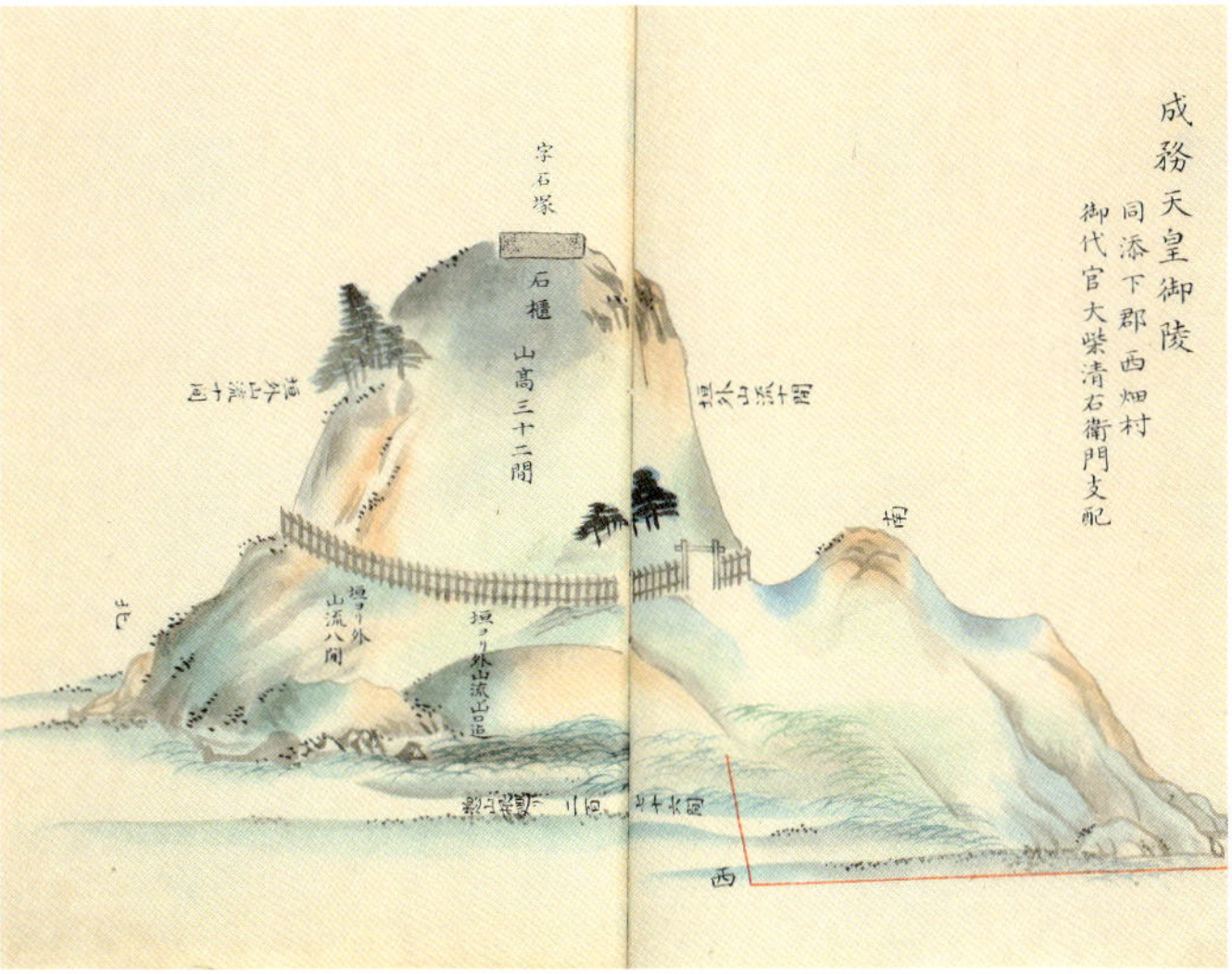


**図5 • 江戸時代の山陵絵図の佐紀石塚山古墳**（現・成務陵）
元禄山陵絵図の『諸陵周垣成就記』（明治23年草川重遠写本より）。後円部頂上に「石櫃」（石棺）を描く。元禄修陵では山陵探索と検分を経て、分明した各陵に竹垣を廻らせる普請がおこなわれた。また、幕府は山陵が年貢地か小物成場の場合は除地にすることを命じた。

ウワナベ古墳、ヒシャゲ古墳、南に宝来山古墳、それに中央に幕末近くに陵墓の候補として見出され、平城《へいぜい》陵に治定された市庭古墳を加えた八基の大形前方後円墳である。

## 律令期陵墓と佐紀古墳群

江戸幕府や近代、さらに現代と同様に、古代の律令国家にあっても、佐紀古墳群の大形前方後円墳のうちに、歴代の天皇・皇后の陵墓を託したものと思われる。これを「律令期陵墓」と私はよんでいる。

律令国家は陵墓の公的管理、祭祀を制度化したが、王統譜（皇統譜）にもとづく陵墓の治定が前提になったことはいうまでもない。それも天武《てんむ》・持統《じとう》期ごろか。王統譜は「記紀」、『延喜式』などによるが、そこには実在性が疑わしい天皇、皇后も含まれている。すなわち一系の王統を整え、その連続性を示すために架空の天皇・皇后が創り出された部分もある。律令期に存在した陵墓だといっても、その被葬者が歴史上、実在したことの証明にはならない。

また平城京、長岡京、平安京と遷都を経るなかにあっても陵墓は不変だという先入観は禁物だ。佐紀古墳群に律令期陵墓が含まれる意味についても、こういった留意点を忘れてはならない。それでは、佐紀古墳群を論じるうえで関係する陵墓を『延喜式』諸陵寮から図6に掲げる。

狭城盾列池後陵《さきのたたなみのいけじりのみささぎ》（成務陵）は、『古事記』に「御陵は沙紀之多他那美《さきのたたなみ》にあり」、『日本書紀』に「狭城盾列陵」と表記される。狭城盾列池上陵《さきのたたなみのいけのえ》（神功陵）も『古事記』に「狭城楯列陵」（仲哀記分註）、『日本書紀』に「狭城盾列陵」、とある。つまり「記紀」双方の陵名に『延喜式』にみるような区別がない。

高野《たかの》陵（称徳陵）は、『西大寺資財流記帳《さいだいじしざいるきちょう》』に寺域西限を「京極路」としたうえで、そこに「除山陵八町」とあって西大寺西方の寺域に接した位置に存在したことが確実である。これは西大寺から東に離れた現陵墓の位置とは異なる。なお、称徳陵が佐紀高塚古墳に定められた経緯については、あとにふれる。

つぎに平城坂上陵《ならのさかのうえ》（磐之媛《いわのひめ》陵）だが、『日本書紀』仁徳三七年一一月条に「皇后を乃羅山《ならのやま》に葬りまつる」とあるが、具体的な陵名は見えない。一方、『古事記』垂仁記には比婆須比売《ひばすひめ》命を「狭木寺間之陵《さきのてらまのはか》」に葬るとあるが、『延喜式』に陵墓名は載っていない。公的守衛による律令期陵墓としての実在に問題を残す。

前節に大古墳群の特徴をあげたが、グループ内に律令期陵墓が含まれているか、そうでないかも考古学見地から付与した特性とは別に検討しておく必要がある。本当に古墳時代政権の「大王墓」が佐紀古墳群に含まれていたものかどうか。そもそも「大王墓」とはなにか。佐紀古墳群を解くときに念頭におくべきことである。

| | |
|---|---|
| 菅原伏見東陵 | 纒向珠城宮御宇垂仁天皇。在大和国添下郡。兆域東西二町。南北二町。陵戸二烟。守戸三烟。 |
| 狭城盾列池後陵 | 志賀高穴穂宮御宇成務天皇。在大和国添下郡。兆域東西一町。南北三町。守戸五烟。 |
| 狭城盾列池上陵 | 磐余稚桜宮御宇神功皇后。在大和国添下郡。兆域東西二町。南北二町。守戸五烟。 |
| 菅原伏見西陵 | 石上穴穂宮御宇安康天皇。在大和国添下郡。兆域東西二町。南北三町。守戸三烟。 |
| 高野陵 | 平城宮御宇天皇。在大和国添下郡。兆域東西五町。南北三町。守戸五烟。 |
| 楊梅陵 | 平安京御宇日本根子推国高彦尊天皇。在大和国添上郡。兆域東西二町。南北四町。守戸五烟。 |
| 平城坂上墓 | 磐之媛命。在大和国添上郡。兆域東西一町。南北一町。無守戸。令楯列池上陵戸兼守。 |

図6●『延喜式』諸陵寮にみえる佐紀・西ノ京丘陵の陵墓
現在、これら7基はいずれも天皇陵古墳となる。光明子（聖武天皇の皇后、藤原不比等の女）の立后の際に前例とされたのが、磐之媛（仁徳天皇の皇后）である。物語性が強く、実在性は不確定で、陵墓はこの時に創出された可能性がある。

## 3 佐紀古墳群の分布

### 西群・中央群・東群・南群

佐紀古墳群は、地形・分布状況・時期のうえから、「群」に分けて考えるのが適当である。本書では西・中央・東・南の四群に大別し（図7）、これらを大支群とする。西・中央・東群は東西約二・五キロ、南北約一・〇キロの範囲にある。

西群は、二つの小支群からなる。第一は佐紀丘陵西端の東にやや振れながら延びる南北丘陵上に営まれた西小支群、第二は東側の狭小な谷をはさんで広がる丘陵上に南北にならぶ東小支群である。佐紀御陵山古墳・佐紀石塚山古墳・五社神古墳といった大形前方後円墳は西小支群に、猫塚《ねこづか》古墳・瓢箪山《ひょうたんやま》古墳・塩塚《しおづか》古墳といった中形前方後円墳は東小支群にある。

中央群は、西群のある丘陵から東方の下がった位置の微高地に営まれている。微高地は北からわずかに西に振れながら南に延びる。段差の上面に「歌姫《うたひめ》街道（歌姫越え）」が通る。また東群との間は浅い谷となり、この谷部を利用して水上池《みなかみいけ》、さらに北に八上池《はじかみいけ》がある。

平城宮の造営により前方部が削平された市庭古墳、墳丘全体が削平された中形前方後円墳の神明野《しめの》古墳、さらに南方には同じく宮の造営で削平された複数の小形古墳がある。

東群では、近年の調査で、コナベ古墳の北側丘陵上や南側で古墳時代前期にさかのぼる前方後円墳や古墳時代中期の前方後円墳が複数、存在したことがわかってきた。つまり東群の大形前方後円墳に先行、併行する群形成がある。従来、東群は中期の大形前方後円墳と陪塚からなると評価され、佐紀古墳群は西群に始まり東群に終わると考えられてきたが、こうした認識をあらためる必要が生じている。

　東群は、地理的分布状況から三つの小支群に細別できる。第一はウワナベ古墳・コナベ古墳・ヒシャゲ古墳と各陪塚群からなる中央小支群、第二はコナベ古墳から一段と高い北側丘陵上に存在した中形前方後円墳などからなる北小支群、第三はコナベ古墳・ウワナベ古墳の南側にある法華寺垣内《ほっけじかいと》古墳・木取山《きどりやま》古墳など中形前方後円墳からなる南小支群によって構成されたと理解する。

　南へ二キロ離れて存在する大形前方後円墳の宝来山古墳や大形円墳の兵庫山古墳なども佐紀古墳群に加え、南群とした。西の京丘陵から張り出た微高地にあり、佐紀丘陵上の西群とは異なるが、水系はともに秋篠川で共通する。経営の基盤となった集落の生産域は、この河川による受益を共有したことが予測される。秋篠川右岸の西大寺東《さいだいじひがし》遺跡や菅原東《すがわらひがし》遺跡の存在は、こういった理解を促すものであろう。

大支群　小支群

- 西群
  - 西小支群（佐紀御陵山古墳・マエ塚古墳・佐紀石塚山古墳・佐紀高塚古墳・五社神古墳）
  - 東小支群（猫塚古墳・衛門戸丸塚古墳・瓢箪山古墳・塩塚古墳・オセ山古墳）
- 中央群 ― 市庭古墳・神明野古墳など
- 東群
  - 北小支群（大和 11・12 号墳・大和 14 号墳など）
  - 中央小支群（コナベ古墳・ウワナベ古墳・ヒシャゲ古墳）
  - 南小支群（法華寺垣内古墳・木取山古墳・平塚１号墳・平塚２号墳）
- 南群 ― 宝来山古墳・兵庫山古墳など

**図７ ● 佐紀古墳群の群構成**（赤字は大形前方後円墳）
中央群と南群は、小支群をつくらない。市庭古墳・宝来山古墳には陪塚が伴わないとみられる。東群北小支群の大和11・12号墳、大和14号墳は、現在の遺跡名。末永雅雄 1949では、それぞれ大和14号墳、大和15号墳と呼称されていた（図34参照）。

# 第2章　丘陵西側の古墳を歩く

## 西群西小支群

近鉄西大寺駅北口からデパートに沿って東に歩くと、ほどなく秋篠川に出る。橋を渡りショッピングセンターの野外駐車場脇の道をすりぬけ、奈良市山陵町の集落に入る。民家の間を北側へ上がると、佐紀御陵山古墳の前方部側に出る。

垂仁天皇皇后の「日葉酢媛陵」として宮内庁が管理するが、かつては「神功皇后陵」として在地社会の信仰を集めた古墳である。南側に山上八幡《やまがみはちまん》神社、西側に佐紀高塚古墳と佐紀石塚山古墳がある。佐紀御陵山古墳と佐紀石塚山古墳の間、両古墳の外堤上を北へ向かうと、佐紀石塚山古墳の三基の陪塚が見えてくる。マエ塚古墳はそこからさらに東北方向にあった。今は円形に配置された住宅が墳丘の名残である。もうここまで来ると、平城駅が最寄り駅となり、近鉄京都線の一駅間を歩いたことになる。五社神古墳はさらに北方の丘陵の奥まったところ、佐紀丘陵西端の北から南東にのびる同一丘陵上にある（図8）。

**図 8 ● 佐紀古墳群西群西小支群と東小支群**（南から、1988 年 1 月撮影）
大形前方後円墳 3 基はいずれも南北方向に主軸。対して中形前方後円墳の佐紀高塚古墳は東西方向。佐紀石塚山古墳の西方に楯列池が存在した。

# 佐紀御陵山古墳

## 前期後葉の大形前方後円墳

佐紀御陵山古墳は、佐紀古墳群で最初に築かれた前期後葉の大形前方後円墳である（図9）。ゆるやかな丘陵を利用して築かれ、前方部を南に向ける。三段築成、前方部に向かって幅を狭めた盾形周濠がめぐる。

墳長二〇七メートル、後円部直径一三一メートル、前方部幅八七メートル（数値は図上計測値、以下同様）。後円部に長大な竪穴式石槨がある。大型仿製鏡《ぼうせいきょう》や腕輪形石製品が副葬されていて、後円部の方形壇上には大型の各種形象埴輪が配置されている。佐紀古墳群の大形前方後円墳のうち、埋葬施設・外部施設・副葬品の構成内容が判明している唯一の古墳である。

最初にこの古墳の名称についてふれておこう。前章に紹介した奈良奉行所の『元禄十丁丑年山陵記録』にみる廻状に、添下郡西畑村・超昇寺《ちょうしょうじ》村など関連各村の村役人は、本墳の字名を「御陵山」と記して「神功皇后御陵」にあたると回答している。江戸時代前期の医師・儒者である松下見林《まつしたけんりん》の『前王廟陵記《ぜんのうびょうりょうき》』にも同様の記述がある。本書では古記録に頻出度の高い「御陵山」をとり、佐紀御陵山古墳と表記した。

江戸時代の山陵絵図には、しばしば後円部北側に墳頂部へ登る石段と鳥居（図11右）、中段に石燈籠が描かれている。日葉酢媛陵とする決定は、一八七五年（明治八）一一月のことで、

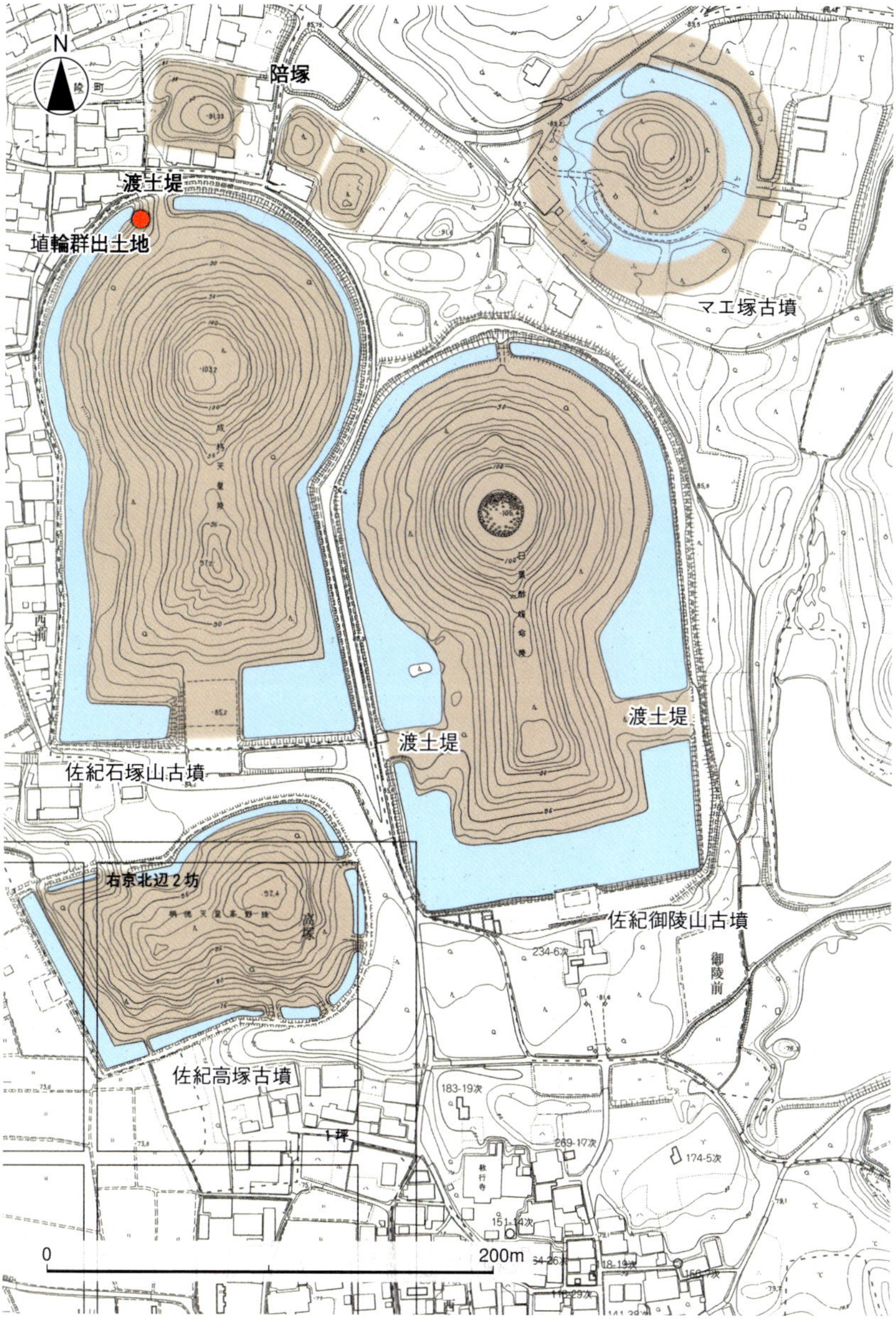


図９ ● **佐紀古墳群西群西小支群**（部分）
佐紀御陵山古墳の前方部東西渡土堤は、当初から備わる可能性が高い。後円部北東にマエ塚古墳。佐紀石塚山古墳の北側には、陪塚３基を配置。北側渡土堤では埴輪群が出土。佐紀高塚古墳は東西主軸の中形前方後円墳。

江戸幕府も在地社会もながらく神功陵としてきた。

ところが、幕末ごろから「大和国添下郡京北班田図」（図4参照）など西大寺関連絵図が考証されるなかで、五社神古墳を神功陵とする見解が強く出されるようになる。図では五社神古墳の位置に「神功天皇后山陵敷地」、佐紀石塚山古墳の位置に「成務天皇山陵敷地」の明記があり、平安時代はじめに国家は北を「神功陵」、南を「成務陵」として公的管理していたことがわかる。こういった経過があって、文久修築では神功陵は五社神古墳へ替わるのである。

## 江戸時代の在地社会と陵墓

本墳が神功陵とされていた当時の様子を示す史料が地元に残されている。郡山城内にある柳澤文庫で開催された二〇〇九年秋季特別展「郡山藩と陵墓修復事業」には、郡山藩における陵墓管理や近世の在地社会と陵墓との関係性を示す多くの史料が展示された。

なかでも一八五五年（安政二）の記録「神功帝山陵石灯笆（籠）扣帳《ひかえ》」には、一六六七年（寛文七）から一七九五年（寛政七）まで、在地の有力者などにより献納された石燈籠二〇基分の銘文内容が記されている。刻銘に「神功皇后山陵」「神功皇后　常夜燈」「陵前燈」などとある。なお、石燈籠のうち八基は、近代になって「再発見」された神功陵、すなわち五社神古墳に移築されて現存する（図10）。さらに「山陵様江雨乞願込之訳」一八五二年（嘉永五）は、超昇寺郷による「山陵様」への雨乞いの仕方を記している。また「山陵様へ雨乞願満一件」は、降雨のお礼として子ども相撲を奉納した時に作成された。「御陵神前割合絵図」は御陵神前での祭礼、儀式の際の各村の桟敷の位置を描いた絵図である。「山陵様」とは神功陵のことであるが、近世には、在地社会と律令期以来の陵墓が浅からぬ関係にあったことがわかる。今日とはちがう陵墓のあり方を示す史料として興味深い。

上野竹次郎《うえのたけじろう》『山陵』（一九二五年刊行）には、かつて佐紀御陵山古墳が神功皇后陵として崇信されていた時のことを里老に問うたところ「往事里人ノ往キテ拝スルモノ、皆陵北ヨリス、即チ後円半腹ニ門アリ、門前ニ至リテ拝ス、敢テ門内ニ入ルモノナシ、孕婦ノ詣デ、寧産ヲ祈ルモノ、皆陵地ノ小石ヲ獲テ帰リ、之ヲ懐ニシテ以テ、護符トナス」と答えたとする。庶民の安産祈願にむすびついた「神功皇后信仰」の存在を知ることができる。

## 記録からわかる竪穴式石槨

山陵絵図は、古墳内部を知る手がかりにもなる。末永雅雄の狭山文庫にある『大和国帝陵図』（安政山陵絵図）には、後円部頂上から南面にかけて三点の石材が描かれている（図11左）。長さ二・六メートル、二・一メートル、二・二メートル（長さ一・六メートルに狭くなった部分の長さ〇・六メートルを加える）の三点である。頂上奥の蒲鉾形の石材は、「屋根

**図10 ● 佐紀御陵山古墳から五社神古墳に移築された石燈籠**
前方部前面の拝所の生垣内西側に、一列に据えられる。
近世の陵墓と在地社会との関係を知る資料である。

形石」とよばれるものに大きさも共通する。また、『廟陵記《びょうりょうき》』（文化山陵絵図）にも「平石三ッ」と「大石一ッ」の記述がある。『御陵図』下（明治十二年山陵絵図）には「長さ八尺八寸、巾四尺二分ノ石三ツアリ」とある。記録や時期により墳頂部の石材の露呈の状態には変化がみられ、寸法の相違もあるが、一八八〇年代にも石棺ないしは天井石、もしくは短側壁上部が露呈していたものとみられる。梅原末治《うめはらすえじ》の復元案（図12上）では、短側壁が天井石より突き出た位置にある。絵図にみる南北石材は短側壁の蓋然性が高い。

　近代陵墓となって以降、厳重に管理されてきたはずだが、なんと一九一六年（大正五）に盗掘事件が起きた。皮肉なことだが、この事件を通して天皇陵古墳の内部施設や副葬品についての稀少な情報がもたらされることになった。翌年におこなわれた宮内庁の復旧工事は、回収された副葬品をコンクリートの箱に入れて再埋納して、石槨直上もコンクリートで固め、上部を直径二〇メートル、高さ三メートルの範囲で拳大の玉石で覆うというものであった。この時、竪穴式石槨の観察がなされている。

　梅原による詳細な報告によれば、竪穴式石槨の上に「不純粘土の封土」約八〇センチの被覆がある。天井石の直上には「屋根形石」が置かれていた。長さ二・六メートル、幅一メートル、高さ四五センチ、文様彫刻がある刳抜式《くりぬきしき》石棺の蓋石かと推測されるが、形態はやや特異である。それは、①長持形石棺に通有の縄掛突起、あるいは柱状突起をもたない、②短側に傾斜面を有する、③各側面を縁取る区画をもつ、④両端幅に差違がない、⑤棺幅に対して高さが低い、といった諸特徴があり、長持形石棺の系譜とは異なるものである。また以前に露出していた石材を一連の棺材とみると、別に組合式石棺が存在する可能性も否定できない。

大阪府柏原《かしわら》市の安福寺《あんぷくじ》境内石棺や京都府八幡市の八幡茶臼山古墳には、はるばる九州方面から瀬戸内を通り、阿蘇《あそ》溶結凝灰岩《ようけつぎょうかいがん》製の石棺がもたらされた。屋根形石も遠隔地から搬送されてきた石材が使用されている可能性を考えておきたい。

ただ、屋根形石を竪穴式石槨にともなう石棺だと断定するには問題もある。棺の形状や大きさに即して竪穴式石槨が設けられることがふつうだが、今の場合にはあまりに棺槨の長さに差違がある。屋根形石については別の埋葬施設を想定し、それにともなう石棺であった可能性も考えておきたい。いずれにせよ長持形石棺の採用はなく、その出現以前とみる。

竪穴式石槨の外側四周には、方形の石垣が

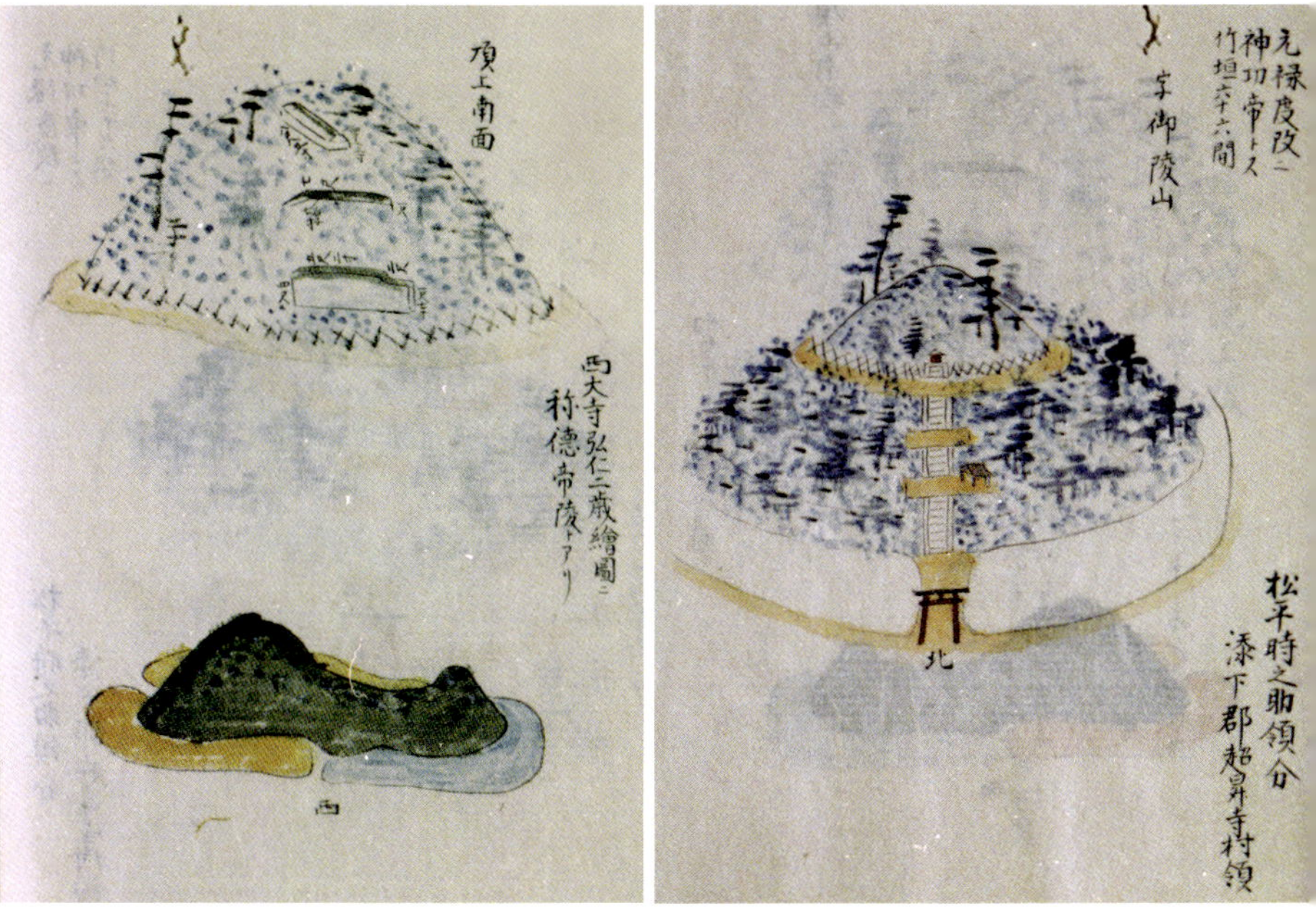


図11 ●『大和国帝陵図』にみる佐紀御陵山古墳
後円部北側周濠の渡土堤から墳丘に付けられた石段を描く。後円部最上段裾には、竹垣がめぐる（右）。頂上部の奥には、「屋根形石」を描く（左）。

めぐる。東西一五・七メートル、南北一六・五メートル、高さ七〇センチ。当初からの施設だとすれば方形檀をもつ古墳のひとつとなる。和田千吉の復元案（図12下）ではその上にさらに二メートル以上の盛土がなされ、蓋形《きぬがさがた》埴輪や盾形埴輪、家形埴輪、鰭《ひれ》付《つ》き円筒埴輪などの配置がある。石垣施設と石槨の間には、梅原報告にある「雪白の砂利」の敷設がある。『廟陵記』に記す「平ノ地形ノ内ニ白キ海石ノ小石多ク有之」に相当するものだろう。その下に縄掛け突起のある五枚の天井石で覆われた竪穴式石槨がある。全長八・五五メートル、幅一・〇九メートル、高さ一・四八メートルとなる。先頃、再調査された奈良県桜井茶臼山古墳（墳長二〇〇メートル）の竪穴式石槨が全長六・七五メートル、北壁で幅一・二七メートル、南壁で幅一・〇五メートル、高さは最大一・七一メートルと報告されているから、それにくらべても長く、最大級の規模であることがわかる。石槨構造は特異なもので、南北の短側壁には上半中央に矩形の孔を二カ所うがった高さ二メートルを越える一枚石をあてている。この点は、よく知られた大阪府柏原市の松岳山《まつおかやま》古墳の立石との比較検討事項である。

石槨内中央には後世の二次的な石積みがあるようで、過去の盗掘を推察できるが、それでも南側粘土中に銅鏡二面の出土があった。一九一六年の盗掘による出土品を含めた副葬品は、銅鏡五面（方格規矩鏡《ほうかくきくきょう》二面・変形内行花文《へんけいないこうかもん》鏡・四獣《しじゅう》鏡・不明）、車輪石《しゃりんせき》三点、鍬形石《くわがたいし》三点、石《いし》釧《くしろ》一点、管玉《くだたま》一点、石製模造刀子《せきせいもぞうとうす》三点、同斧頭《おのがしら》一点、同高杯《たかつき》二点、合子蓋《ごうすふた》一点、石製臼《うす》一点、椅子《いす》形一点、貝殻形一点、琴柱《ことじ》形二点、不明二点で、再埋納されたため現物を確かめることはできない。今は石膏模造品および写真が残されている。

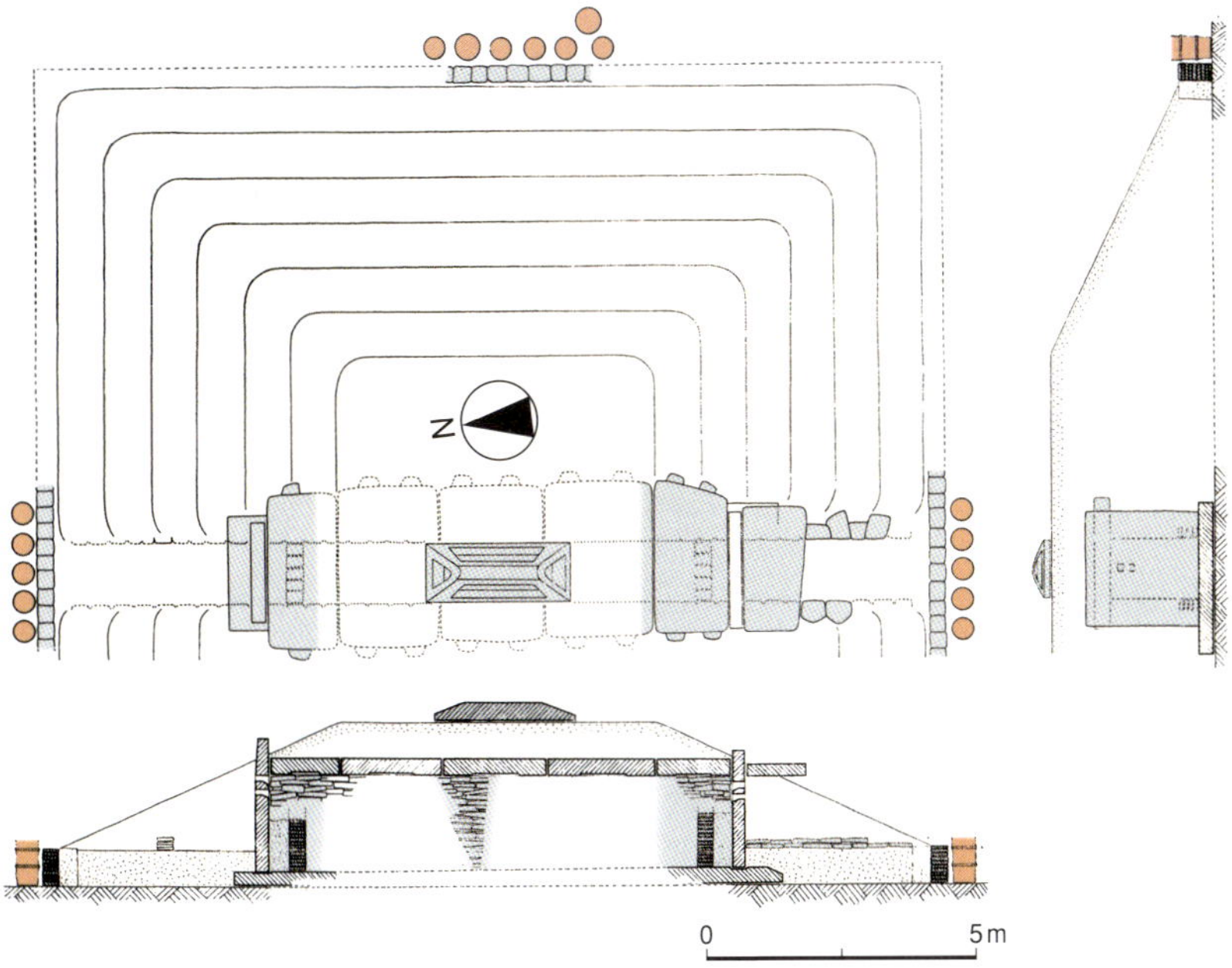

横断面

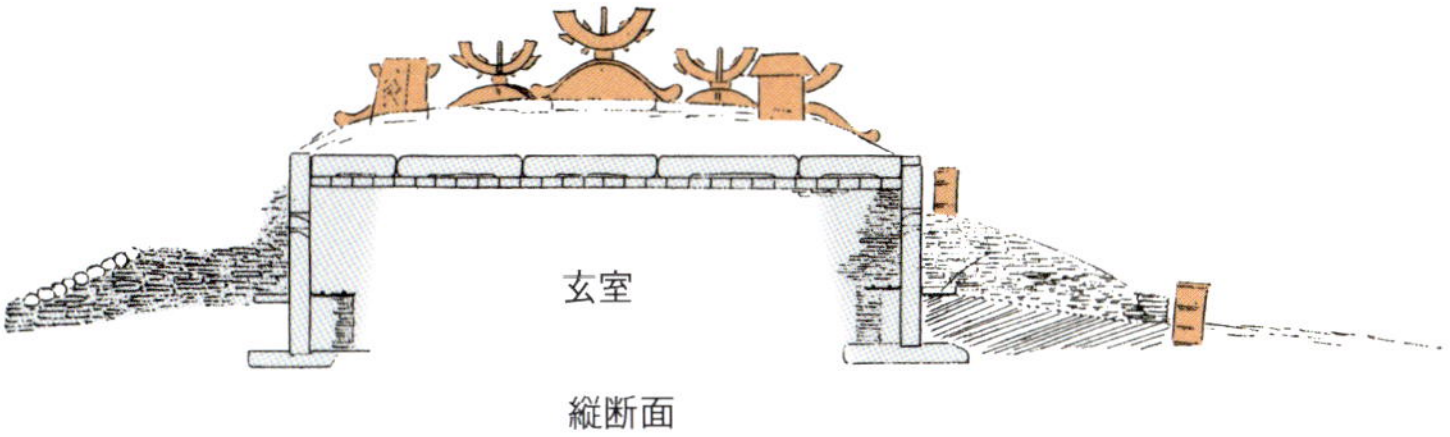


縦断面

図 12 ● 佐紀御陵山古墳の墳頂部の復元案
上：梅原末治による復元。
下：和田千吉による復元。

## 副葬された大型仿製鏡

四獣鏡は後漢鏡。鏡式のわかる三面はいずれも面径が三〇センチを超える大型仿製鏡である。大形古墳だが銅鏡の出土数量は少ない。また三角縁神獣鏡が含まれていない点にも注意したい。

大型仿製内行花文鏡（図13）は鈕座《ちゅうざ》と内行花文帯の間に二条の文様帯があるが、内側の獣文帯は馬見古墳群の佐《さ》味田《みた》宝塚《たからづか》古墳出土の大型仿製方格規矩鏡などの鈕周囲の獣足圏によく似る。また文字が記号風に変化した擬銘帯は特徴のひとつ。同じく馬見古墳群の新《しん》山《やま》古墳出土の大型仿製方格規矩鏡にもある。外区には変形の直弧文《ちょっこもん》が採用され、そこに半円方形帯にある半円形文を配置する。直弧文を意匠した鏡は、新山古墳に出土の三面の直弧文鏡と本

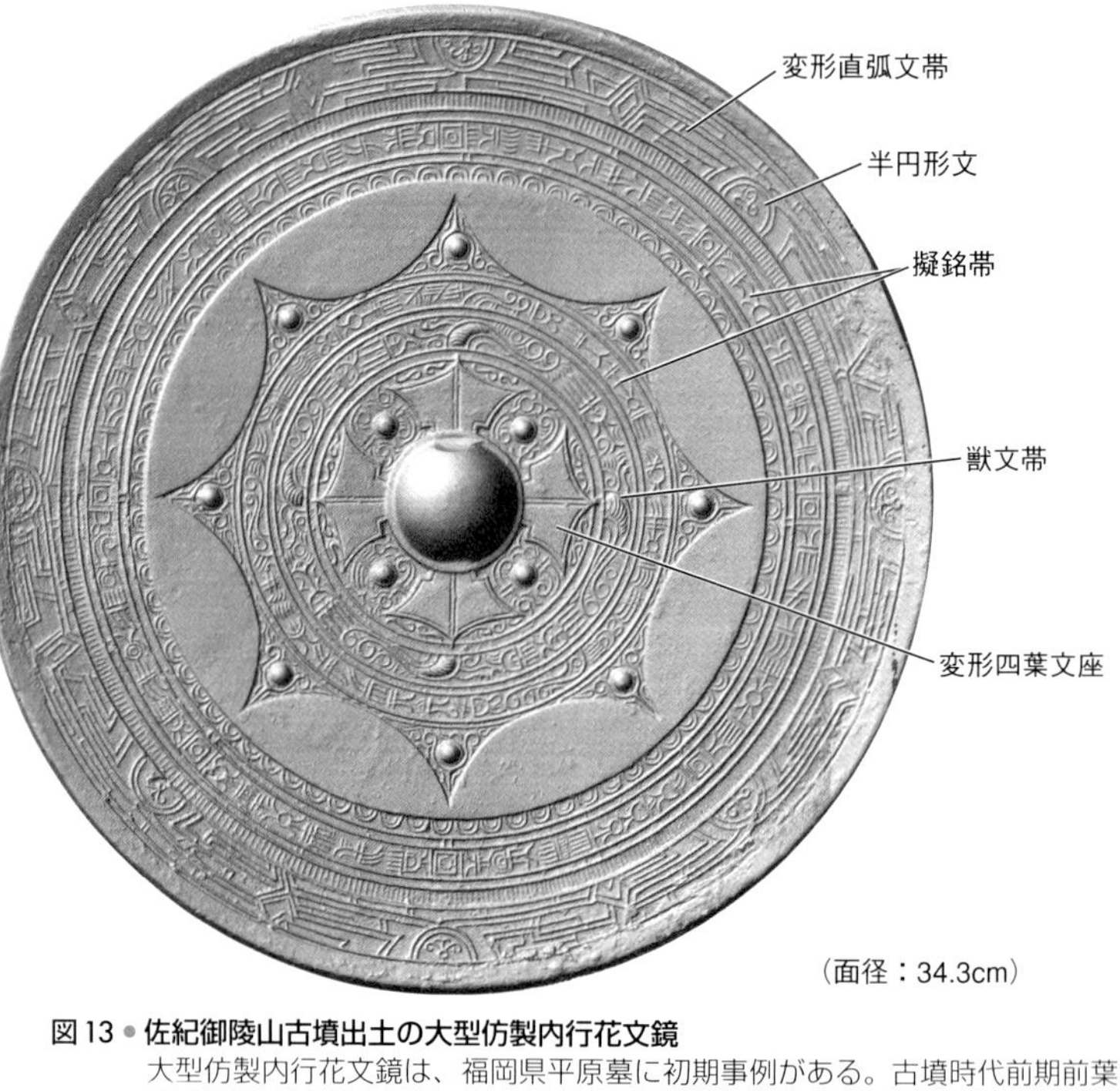


**図13 ● 佐紀御陵山古墳出土の大型仿製内行花文鏡**
大型仿製内行花文鏡は、福岡県平原墓に初期事例がある。古墳時代前期前葉の奈良県桜井茶臼山古墳にも出土する。通例は、後漢代の長宜子孫銘内行花文鏡を模倣したものだが、本例は異質である。

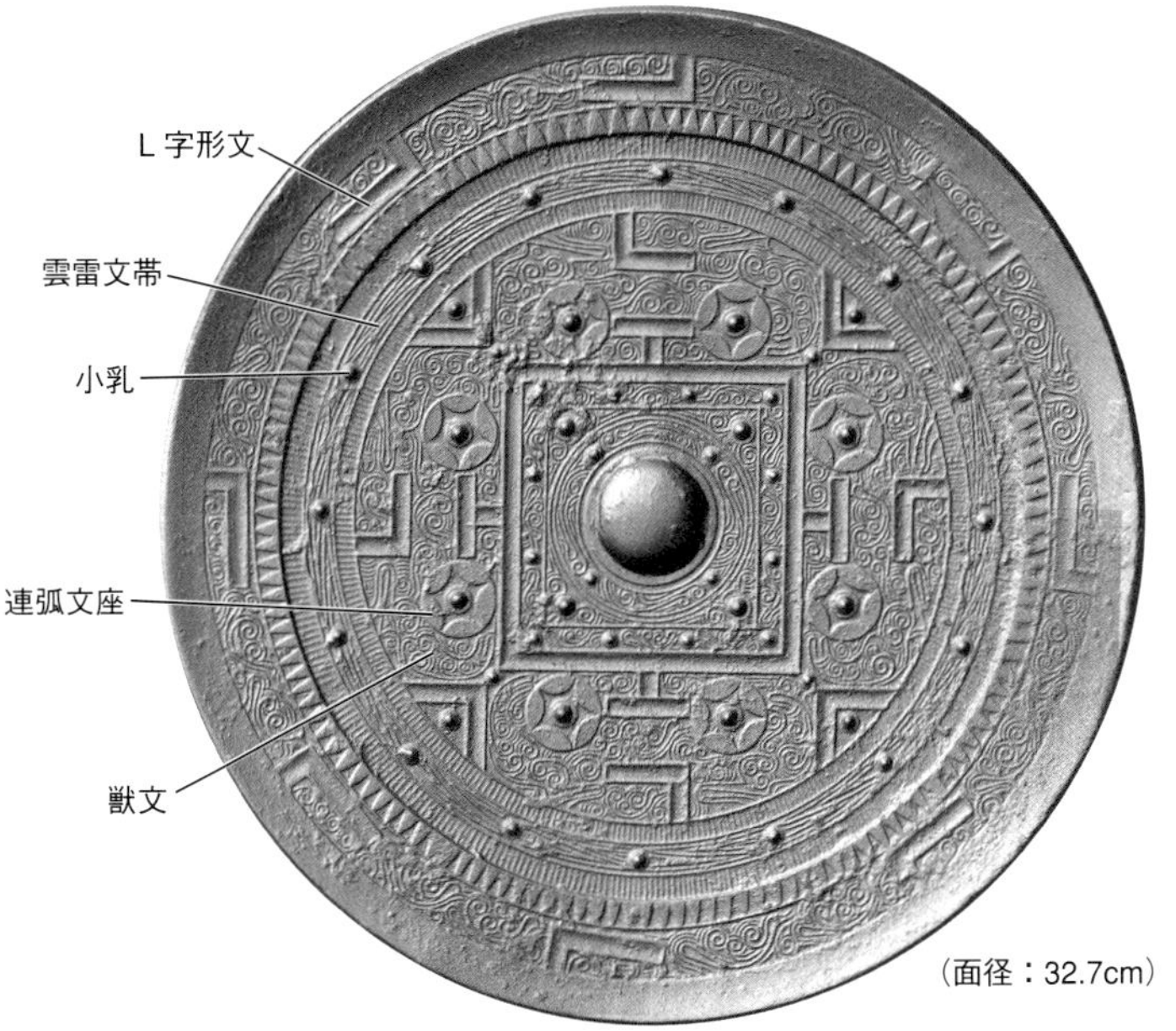

**図14 ● 佐紀御陵山古墳出土の大型仿製方格規矩鏡**
方格規矩鏡は、古代中国の宇宙観を表現した銅鏡と説かれている。奈良県新山古墳からは、後漢の方格規矩四神鏡をより忠実に模倣しようとした大型仿製方格規矩鏡が出土している。

例に限られる。

二面出土した大型仿製方格規矩鏡については、内区主文様の変遷を田中琢氏が系列化している。一面（図14上）の①内区外周は内行花文鏡から雲雷文帯を借用する。②外区にはL字形文を配し、全体に小乳を多用する。③中国鏡では八弧であった乳の連弧文座の弧数が、五弧に減少している。④内区主文の獣文は定型化したふりかえり姿の白虎系のものに属する。⑤また、同じ形の獣文を反復している。⑥獣文がほぼ二種類にまとまるのが特色で、この鏡では同形獣文を七単位と別に異なる獣文を一単位、配する。もう一面（図14下）は、同じ獣文を八単位分反復配置する。やや間のびした肢体をみせる獣文である。

## 超大型の蓋形埴輪・盾形埴輪

復旧工事の際に出土した蓋形埴輪は超大型品である（図15左）。笠部上半に直弧文をもち、笠部の直径は二メートル前後もある。両手を広げてもまだあまりある。盾形埴輪（図15右）も大型で、線枠と中仕切りに直弧文をデザインしたもので、高さ一〇八センチ、幅八〇センチ。盾の表面は彎曲《わんきょく》しており、実物の形状に近いものだろう。これらも石膏と図面が残されている。本墳の形象埴輪は大型で精巧なものであり、その出現期に位置づけられよう。

一九八六年には墳丘に対する宮内庁の調査があった。前方部東側渡土堤法面《わたりどていのりめん》に葺石《ふきいし》の確認があり、当初からの施設となる可能性が高くなった。

一九九〇年には墳丘裾部分に合計二一カ所のトレンチが設けられた。上方から崩落した堆積

# シリーズ「遺跡を学ぶ」

A5判96頁オールカラー／各1500円＋税

## ◎第Ⅰ期［全31冊］

セット函入46500円＋税

01 北辺の海の民・モヨロ貝塚　米村 衛
02 天下布武の城・安土城　木戸雅寿
03 古墳時代の地域社会復元・三ツ寺Ⅰ遺跡　若狭 徹
04 原始集落を掘る・尖石遺跡　勅使河原 彰
05 世界をリードした磁器窯・肥前窯　大橋康二
06 五千年におよぶムラ・平出遺跡　小林康男
07 豊饒の海の縄文文化・曽畑貝塚　木﨑康弘
08 未盗掘石室の発見・雪野山古墳　佐々木憲一
09 氷河期を生き抜いた狩人・矢出川遺跡　堤 隆
10 描かれた黄泉の世界・王塚古墳　柳沢一男
11 江戸のミクロコスモス・加賀藩江戸屋敷　追川吉生
12 北の黒曜石の道・白滝遺跡群　木村英明
13 古代祭祀とシルクロードの終着地・沖ノ島　弓場紀知
14 黒潮を渡った黒曜石・見高段間遺跡　池谷信之
15 縄文のイエとムラの風景・御所野遺跡　高田和徳
16 鉄剣銘一一五文字の謎に迫る・埼玉古墳群　高橋一夫
17 石にこめた縄文人の祈り・大湯環状列石　秋元信夫
18 土器製塩の島・喜兵衛島製塩遺跡と古墳　近藤義郎
19 縄文の社会構造をのぞく・姥山貝塚　堀越正行
20 大仏造立の都・紫香楽宮　小笠原好彦
21 律令国家の対蝦夷政策・相馬の製鉄遺跡群　飯村 均
22 筑紫政権からヤマト政権へ・豊前石塚山古墳　長嶺正秀
23 弥生実年代と都市論のゆくえ・池上曽根遺跡　秋山浩三
24 最古の王墓・吉武高木遺跡　常松幹雄
25 石槍革命・八風山遺跡群　須藤隆司
26 大和葛城の大古墳群・馬見古墳群　河上邦彦
27 南九州に栄えた縄文文化・上野原遺跡　新東晃一
28 泉北丘陵に広がる須恵器窯・陶邑遺跡群　中村 浩
29 東北古墳研究の原点・会津大塚山古墳　辻 秀人
30 赤城山麓の三万年前のムラ・下触牛伏遺跡　小菅将夫
別冊1 黒耀石の原産地を探る・鷹山遺跡群　黒耀石体験ミュージアム

87 北陸の縄文世界・御経塚遺跡

布尾和史

北陸西部の広大な金沢平野に、縄文時代の後期から晩期にかけて栄えた大集落があった。足の踏み場もないほどみつかった柱穴から当時の建物と集落を復元し、土器や石器、土偶、装飾品などの膨大な出土遺物の検討とあわせて、北陸の平野に生きた縄文人の社会に迫る。

88 東西弥生文化の結節点・朝日遺跡

原田 幹

本州中央に位置する濃尾平野。西日本弥生文化の東端の地に誕生した「朝日集落」は、やがて西と東の弥生文化をつなぐ結節点へと発展していった。環濠や逆茂木（さかもぎ）などの強固な防御施設を築き、生産と交易の拠点となった巨大集落の実像を解き明かす。

89 狩猟採集民のコスモロジー・神子柴遺跡

堤 隆

遙か南アルプスの山々を望み、天竜川へとつづく丘の突端、残された重厚な石斧と美しい尖頭器の数々。はたして実用品なのかシンボルか、なぜこの地に置き去りにされたのか。縄文時代の暁を告げる石器群の謎を読み解き、狩猟採集民の世界観（コスモロジー）に迫る。

90 銀鉱山王国・石見銀山

遠藤浩巳

戦国時代から江戸幕府成立にいたる一六～一七世紀、石見銀山が産出した大量の銀は中国、東アジアへと広く流通し、当時ヨーロッパで描かれた地図にも「銀鉱山王国」と記された。「石銀（いしがね）千軒」とよばれるほど栄えた鉱山町を発掘調査が明らかにする。

91 「倭国乱」と高地性集落論・観音寺山遺跡

若林邦彦

大阪府南部・和泉市の丘陵上に、弥生時代の大規模集落がみつかった。二重の環壕にかこまれたムラは、「魏志倭人伝」など中国史書に記された「倭国乱」と結びつけられ、軍事的・防御的集落とされた。はたしてその実態は？ 考古学的調査研究からその実像に迫る。

別冊03 ビジュアル版 縄文時代ガイドブック

勅使河原 彰

日本列島に一万年近くつづいた縄文時代。それは自然と対話し、共生する道を選んだ縄文人の世界だ。原始工芸の極致とよべる縄文土器、四季折々の多彩な生業、高水準の木工・編み物、見事な装飾品、土偶などの呪具、集落や社会などをビジュアルに解説する。

別冊04 ビジュアル版 古墳時代ガイドブック

若狭 徹

三世紀中頃から三五〇年にわたって、日本列島に多数の前方後円墳が造られた。世界でも稀にみる巨大墳墓はなぜ造られ、いかなる社会的役割を負っていたのか。ヤマトと地方の王の関係、生産システムやムラの実態、東アジアとの交流などをビジュアルに解説する。

追川吉生 著

江戸のなりたち[1]

**江戸城・大名屋敷**

ISBN978-4-7877-0618-8

江戸の街並みは消えてしまったが、地下には江戸の痕跡が眠っている。再開発によって目覚めた江戸の遺跡から「江戸のなりたち」を探訪する。〔第1巻目次〕江戸城探訪／外堀探訪／大名屋敷探訪／大名庭園探訪

A5判／192頁／1800円＋税

---

追川吉生 著

江戸のなりたち[2]

**武家屋敷・町屋**

ISBN978-4-7877-0713-0

江戸考古学は近年、武家屋敷や町屋も調査・研究の対象としている。それらの発掘成果から武士と町人の暮らしぶりを探訪する。〔第2巻 目次〕旗本・御家人屋敷探訪／町屋探訪／江戸のこころ探訪／江戸の郊外探訪

A5判／168頁／1800円＋税

---

追川吉生 著

江戸のなりたち [3]

**江戸のライフライン**

ISBN978-4-7877-0801-4

人口100万人を超す大都市だった江戸の人びとの生活を支えたライフラインと、火事や地震といった災害を発掘調査の成果からみていく。〔第3巻目次〕上水探訪／下水・トイレ探訪／火事・地震探訪／江戸の終わり探訪

A5判／168頁／1800円＋税

---

勅使河原彰、保江 共著

**武蔵野の遺跡を歩く**

都心編

ISBN978-4-7877-0215-9

開発しつくされたと思われる23区にも多くの遺跡が残る。市民によって守られてきた遺跡と自然を訪ね歩く。江戸城跡／本郷・弥生町／上野・谷中／芝・高輪／大森／石神井城／妙正寺川／善福寺川／荏原台古墳群など

A5判／188頁／1800円＋税

---

勅使河原彰、保江 共著

**武蔵野の遺跡を歩く**

郊外編

ISBN978-4-7877-0208-1

武蔵野に生まれ育ち、いまも自然環境保護に携わる著者が詳細な地図と豊富な写真で紹介。深大寺／野川／武蔵国分寺／谷保／立川／黒目川／八国山／三富開拓地割／砂川／霞川／新河岸川／川越など

A5判／180頁／1800円＋税

---

十菱駿武 著

**多摩の歴史遺産を歩く**

遺跡・古墳・城跡探訪

ISBN978-4-7877-0707-9

東京の西多摩・南多摩から神奈川県の川崎市・横浜市北部地域の遺跡・文化遺産・博物館を散歩する12コース。〔主な遺跡等〕八王子城跡、稲荷塚古墳、東京都埋蔵文化財センター、絹の道、大塚歳勝土遺跡公園ほか

A5判／188頁／1800円＋税

---

石野博信・水野正好・西川寿勝・岡本健一・野崎清孝 著

**三角縁神獣鏡・邪馬台国・倭国**

ISBN978-4-7877-0607-2

しだいに見えてくる邪馬台国と倭国女王卑弥呼の姿。纒向遺跡や箸墓とのかかわりは？　女王卑弥呼の「銅鏡百枚」は、三角縁神獣鏡なのか？　約500面が見つかっている三角縁神獣鏡をとおして語られる邪馬台国の姿。

A5判／212頁／2200円＋税

---

西川寿勝・森田克行・鹿野塁 著

**継体天皇　二つの陵墓、四つの王宮**

ISBN978-4-7877-0816-8

現在の天皇家につながる最初の天皇となった継体は6世紀の初め、越前国からやってきて即位したが、すぐに大和へ入ることはできなかった。その陵墓である今城塚や周辺地域の発掘成果から謎に迫る。

A5判／246頁／2300円＋税

---

西川寿勝・相原嘉之・西光慎治 著

**蘇我三代と二つの飛鳥**

近つ飛鳥と遠つ飛鳥

ISBN978-4-7877-0907-3

蘇我系天皇の陵墓がつくられた河内の「近つ飛鳥」、宮殿がつぎつぎと建てられた大和の「遠つ飛鳥」。ふたつの飛鳥とかかわりの深い蘇我三代（馬子・蝦夷・入鹿）の興隆と滅亡を最新の考古学調査から迫る。

A5判／260頁／2300円＋税

---

西川寿勝・田中晋作 著

**倭王の軍団**

巨大古墳時代の軍事と外交

ISBN978-4-7877-1013-0

世界遺産登録をめざす百舌鳥・古市古墳群。5世紀、これら巨大な古墳をつくった王たちは武力を背景に半島へ進出したのか？　中期古墳に副葬された大量の武器・武具は実用なのか？　儀器なのか？

A5判／248頁／2300円＋税

研究所附属博物館 編

**る倭と中国**

古代東アジアの動乱の時代に、邪馬台国および中国・朝鮮半島では、何がおこっていたか。中国曹操墓の発見や倭と朝鮮半島の対外交渉など考古学から読み解く『三国志』の時代。森浩一の『魏志』倭人伝講義を収録！

A5判／272頁／2500円＋税

---

**は何か**

遺跡

石野博信討論集　邪馬台国をめぐる17人の論戦！
森浩一・西谷正・高島忠平・下條信行・木下尚子・田川肇・高橋徹・奥野正男・真野響子・山尾幸久・青山茂・水野正好・田中琢・橋本輝彦・辰巳和弘・黒田龍二

四六判上製／328頁／2300円＋税

---

**か**

9

石野博信討論集第二弾！　古墳をめぐる13人の論戦！
金井塚良一・白石太一郎・柳田康雄・菅谷文則・橋本博文・鈴木靖民・原島礼二・福永伸哉・宇垣匡雅・赤塚次郎・車崎正彦・上田正昭

四六判上製／328頁／2300円＋税

---

**解明**

墳

0

日本の古代国家形成解明の鍵をにぎる巨大古墳。その多くは天皇陵に指定され、研究者といえども立ち入ることはできない。この「陵墓」古墳をさまざまな角度から追究、天皇陵や陵墓参考地の実像を明らかにする。

A5判上製／224頁／2800円＋税

---

0周年記念シンポ実行委 編

**考える**

0年

9-7

巨大古墳の真実とは何か。百舌鳥古墳群・古市古墳群の世界文化遺産登録への課題とは。陵墓公開を求める研究者たちが実態追究の成果を報告する。1　佐紀陵山古墳・伏見城の立入り報告／2　「陵墓」を考える

A5判／318頁／2800円＋税

---

**る船**

2-1

船形をした木棺や埴輪、墓室に描かれた船画、円筒埴輪に刻まれた船……船は霊魂を黄泉の国へといざなう。人々は魂の行方をどこに求めたのか。考古学が傍観してきた「こころ」を探り、古代人の他界観を追究する。

A5判上製／352頁／3500円＋税

---

**集落址の研究**

04-8

弥生時代とはどんな時代的特質をもっているのか？
神奈川および出雲をフィールドに弥生集落を発掘・研究してきた著者が、弥生時代集落の構成から、社会の構造へ切りこみ、古代国家形成の基盤をさぐる。

A5判上製／488頁／8000円＋税

---

**文時代の環境文化史**

年代測定と考古学

203-5

最終氷期から後氷期にかけて、旧石器時代人、縄文時代人はどのように生きてきたのか。最新の放射性炭素年代測定の成果を通じ、その変化を読み解く。列島各地の縄文土器の年代測定値などデータを豊富に収録。

B5判上製／376頁／9000円＋税

---

雄一郎・国立歴史民俗博物館 編

**はいつから!?**

動と縄文文化

213-4

10万年に一度の気候大変動のなかで、ヒトは土器を発明し、弓矢をもち、定住をはじめた。縄文時代の幕があがる。今につづく生活様式の基盤、縄文文化のはじまりを問う、歴博で行われたシンポジウムを書籍化。

A5判／260頁／2400円＋税

---

著

**研究法**

物の見方から歴史叙述まで

-1310-0

発掘調査等でえた“史料”をどう分析し何を読み取るのか。そして，それらをどのように総合して歴史を叙述するのか。豊富な事例をあげて具体的にわかりやすく解説する。学生・考古学を本格的に勉強したい人必携の書。

B5判／208頁／3500円＋税

---

戸沢充則 著

**道具と人類史**

ISBN978-4-7877-1210-3

人類が最初に作った石のオノ、ナイフ、動物の骨で作った釣り針、縄文人が作った土器・土偶等を、現代人の日常生活とかかわらせて読み解いていく考古学エッセイ。「文明の進歩は人類にとって本当は危険かもしれない」

四六判上製／136頁／1600円＋税

---

戸沢充則 著

**考古地域史論**

地域の遺跡・遺物から歴史を描く

ISBN978-4-7877-0315-6

落葉広葉樹林が与える植物性食物の利用によって八ヶ岳山麓に栄えた「井戸尻文化」、海の幸を媒介として広大な関東南部の土地を開拓し生みだされた「貝塚文化」等の叙述をとおして、今後の考古学の可能性を追究する。

四六判上製／288頁／2500円＋税

---

戸沢充則 著

**考古学のこころ**

ISBN978-4-7877-0304-0

旧石器発掘捏造事件の真相究明に尽力した著者がその経過と心情を語り、自らの旧石器研究を検証するとともに、学問の道を導いてくれた先人達の考古学への情熱と研究を振り返り、考古学のこころの復権を熱く訴える。

四六判上製／240頁／1700円＋税

---

戸沢充則 著

**歴史遺産を未来へ残す**

信州・考古学の旅

ISBN978-4-7877-0514-3

高度経済成長のもと“開発”のために多くの遺跡が姿を消し、その事前調査にかりだされた考古学は、学問としての存立基盤を見失いつつある。信州の歴史遺産の危機と未来へ残す試みを紹介し、学問の確立を訴える。

四六判上製／296頁／2500円＋税

---

戸沢充則 著

**語りかける縄文人**

ISBN978-4-7877-0709-3

太古の歴史と考古学はいま、大きな曲がり角に来ている。縄文文化が喧伝される一方で教科書から縄文時代が消えている。こうした状況を“縄文人は怒ってる”として、縄文文化の意味を問い直した近年の講演11本を収録。

A5判／224頁／1800円＋税

---

戸沢充則 編著

**縄文人の時代**

ISBN978-4-7877-0202-9

相次ぐ大型縄文遺構の発見で見直されてきた縄文社会・文化の姿を、発掘研究の第一線で活躍する筆者たちが明らかにする。縄文人の環境問題／縄文人の生活技術／縄文人の食料／縄文人の社会交流／縄文人の心性ほか。

A5判／296頁／2500円＋税

---

諏訪考古学研究会 編集・発行

人間探究の考古学者

**藤森栄一を読む**

ISBN978-4-7877-0602-7

懸命に生き抜いた古代人の、ひたすらな生活を探究する学問へ、そして人生の灯となる学問を目指し、実践した藤森考古学を今によみがえらせる。藤森門下生が、藤森栄一の険しき道を歩んだ生涯と全著作を詳細に解説。

A5判／312頁／2500円＋税

---

戸沢充則 編

**月見野の発掘**

先土器時代研究の転換点

ISBN978-4-7877-0904-2

発掘調査から40周年を迎える月見野遺跡群。当時少部数印刷された幻の速報「概報・月見野遺跡群」を冒頭に、月見野遺跡群と出土遺物のカラー写真、その成果をもとにした研究論文群を一冊にまとめる。

B5判上製／224頁／5000円＋税

---

井口直司 著

**縄文土器ガイドブック**

縄文土器の世界

ISBN978-4-7877-1214-1

私たちの心の奥底をゆさぶる縄文土器の造形。しかし、博物館や解説書で「〇〇式」「△△文」といった暗号のような説明を読むと、熱がさめていく……。考古学による土器の見方、縄文時代のとらえ方をじっくり解説。

A5判／168頁／2200円＋税

---

山田良三 著

**万葉歌の歴史を歩く**

よみがえる南山背の古代

ISBN978-4-7877-0606-5

古代の宮都、平城京・長岡京・平安京を結ぶ要衝の地、南山背。長年にわたりこの地の遺跡を踏査してきた著者が、いにしえの人びとの営みや景観など万葉歌の背景に見える古代人の姿をよみがえらせる。

四六判上製／264頁／2200円＋税

奈良県立橿原考古学…
海でつなが…
邪馬台国の周辺世界…
ISBN978-4-7877-1309-…
石野博信 編
邪馬台国と…
吉野ヶ里遺跡と纒向…
ISBN978-4-7877-1204-…
石野博信 編
古墳とは何…
祭と政の象徴
ISBN978-4-7877-121…
今井 堯 著
天皇陵の…
閉ざされた「陵墓」…
ISBN978-4-7877-091…
「陵墓限定公開」…
河瀬正利
「陵墓」を…
陵墓公開運動の…
ISBN978-4-7877-12…
辰巳和弘 著
他界へ翔…
「黄泉の国」の考古…
ISBN978-4-7877-1…
田中義昭 著
弥生時代…
ISBN978-4-7877-…
工藤雄一郎 …
旧石器・縄…
高精度放射性炭素…
ISBN978-4-7877…
小林謙一・工藤…
増補 縄文…
地球環境の変…
ISBN978-4-787…
勅使河原 彰…
考古学…
遺跡・遺構・…
ISBN978-4-78…
石野博信

37 縄文文化の起源をさぐる・小瀬ヶ沢・室谷洞窟　小熊博史
38 世界航路へ誘う港市・長崎・平戸　川口洋平
39 武田軍団を支えた甲州金・湯之奥金山　谷口一夫
40 中世瀬戸内の港町・草戸千軒町遺跡　鈴木康之
41 松島湾の縄文カレンダー・里浜貝塚　会田容弘
42 地域考古学の原点・月の輪古墳　近藤義郎・中村常定
43 天下統一の城・大坂城　中村博司
44 東山道の峠の祭祀・神坂峠遺跡　市澤英利
45 霞ヶ浦の縄文景観・陸平貝塚　中村哲也
46 律令体制を支えた地方官衙・弥勒寺遺跡群　田中弘志

52 鎮護国家の大伽藍・武蔵国分寺　福田信夫
53 古代出雲の原像をさぐる・加茂岩倉遺跡　田中義昭
54 縄文人を描いた土器・和台遺跡　新井達哉
55 古墳時代のシンボル・仁徳陵古墳　一瀬和夫
56 大友宗麟の戦国都市・豊後府内　玉永光洋・坂本嘉弘
57 東京下町に眠る戦国の城・葛西城　谷口 榮
58 伊勢神宮に仕える皇女・斎宮跡　駒田利治
59 武蔵野に残る旧石器人の足跡・砂川遺跡　野口 淳
60 南国土佐から問う弥生時代像・田村遺跡　出原恵三
61 中世日本最大の貿易都市・博多遺跡群　大庭康時
62 縄文の漆の里・下宅部遺跡　千葉敏朗

63 東国大豪族の威勢・大室古墳群〔群馬〕　前原 豊
64 新しい旧石器研究の出発点・野川遺跡　小田静夫
65 旧石器人の遊動と植民・恩原遺跡群　稲田孝司
66 古代東北統治の拠点・多賀城　進藤秋輝
67 藤原仲麻呂がつくった壮麗な国庁・近江国府　平井美典
68 列島始原の人類に迫る熊本の石器・沈目遺跡　木﨑康弘
69 奈良時代からつづく信濃の村・吉田川西遺跡　原 明芳
70 縄紋文化のはじまり・上黒岩岩陰遺跡　小林謙一
71 国宝土偶「縄文ビーナス」の誕生・棚畑遺跡　鵜飼幸雄
72 鎌倉幕府草創の地・伊豆韮山の中世遺跡群　池谷初恵
73 東日本最大級の埴輪工房・生出塚埴輪窯　高田大輔
74 北の縄文人の祭儀場・キウス周堤墓群　大谷敏三
75 浅間山大噴火の爪痕・天明三年浅間災害遺跡　関 俊明
別冊2 ビジュアル版 旧石器時代ガイドブック　堤 隆

## ◎第Ⅳ期（76〜100巻）好評刊行中！

76 遠の朝廷・大宰府　杉原敏之
大陸を望む西の要衝で外交・軍事を担い、西海道諸国島を統治した実像。

77 よみがえる大王墓・今城塚古墳　森田克行
堤の張出から出土した精巧な形象埴輪群は、日本の兵馬俑ともいわれる。

78 信州の縄文早期の世界・栃原岩陰遺跡　藤森英二
保存状態の良い人骨、精巧な縫針、貝の装飾品等から当時の生活を再現。

79 葛城の王都・南郷遺跡群　坂 靖・青柳泰介
祭殿や祭祀場、武器工房、渡来人の住まいなどがみつかった巨大な集落。

80 房総の縄文大貝塚・西広貝塚　忍澤成視
採集したすべての貝層を丸洗いし、遺物を調べ上げ縄文人の生活を探究。

81 前期古墳解明への道標・紫金山古墳　阪口英毅
前期古墳の埋葬実態や、首長たちの政治的関係の解明で注目される古墳。

82 古代東国仏教の中心寺院・下野薬師寺　須田 勉
一塔三金堂型式で造営され中央と強い繋がりをもつ〝国立寺院〟の実像。

83 北の縄文鉱山・上岩川遺跡群　吉川耕太郎
原石「珪質頁岩」の採掘と製作、交換ネットワークから縄文社会に迫る。

84 斉明天皇の石湯行宮か・久米官衙遺跡群　橋本雄一
愛媛県松山市でみつかった最古の役所跡に、古代王家との繋がりを追う。

85 奇偉荘厳の白鳳寺院・山田寺　箱崎和久
藤原道長は、山田寺の堂内の様子を「奇偉荘厳」と表現して息をのんだ。

86 京都盆地の縄文世界・北白川遺跡群　千葉 豊
今はすっかり市街地となっている京大周辺・左京地区にあった縄文世界。

土に近世の盛土がのる。元の墳丘は、より内側にある。従来の推測値よりやや小さめの墳長二〇六メートル前後と報告された。

鰭付きを含む円筒埴輪、朝顔形、家形、蓋形、盾形埴輪が出土。円筒埴輪は突出度の高い台形およびM字形の突帯、二次調整にヨコハケ、野焼き焼成による有黒斑《ゆうこくはん》、また方形スカシもみられる。西側のくびれ部から前方部にかかる部分の周濠内では、八×四メートルの範囲で、高さ一・五メートルになるように地山が削り出され、そこに板状節理《ばんじょうせつり》のある石材と白礫が集中的にみられ、島状遺構などの存在が想定される。そうだとすれば初源期の事例となる。

一九九一年には墳丘外形の現況調査がおこなわれた。墳丘は三段築成、下位に幅のある裾部（最下段）がめぐる。三カ所の渡土堤のうち前方部東西の幅広い渡土堤は当

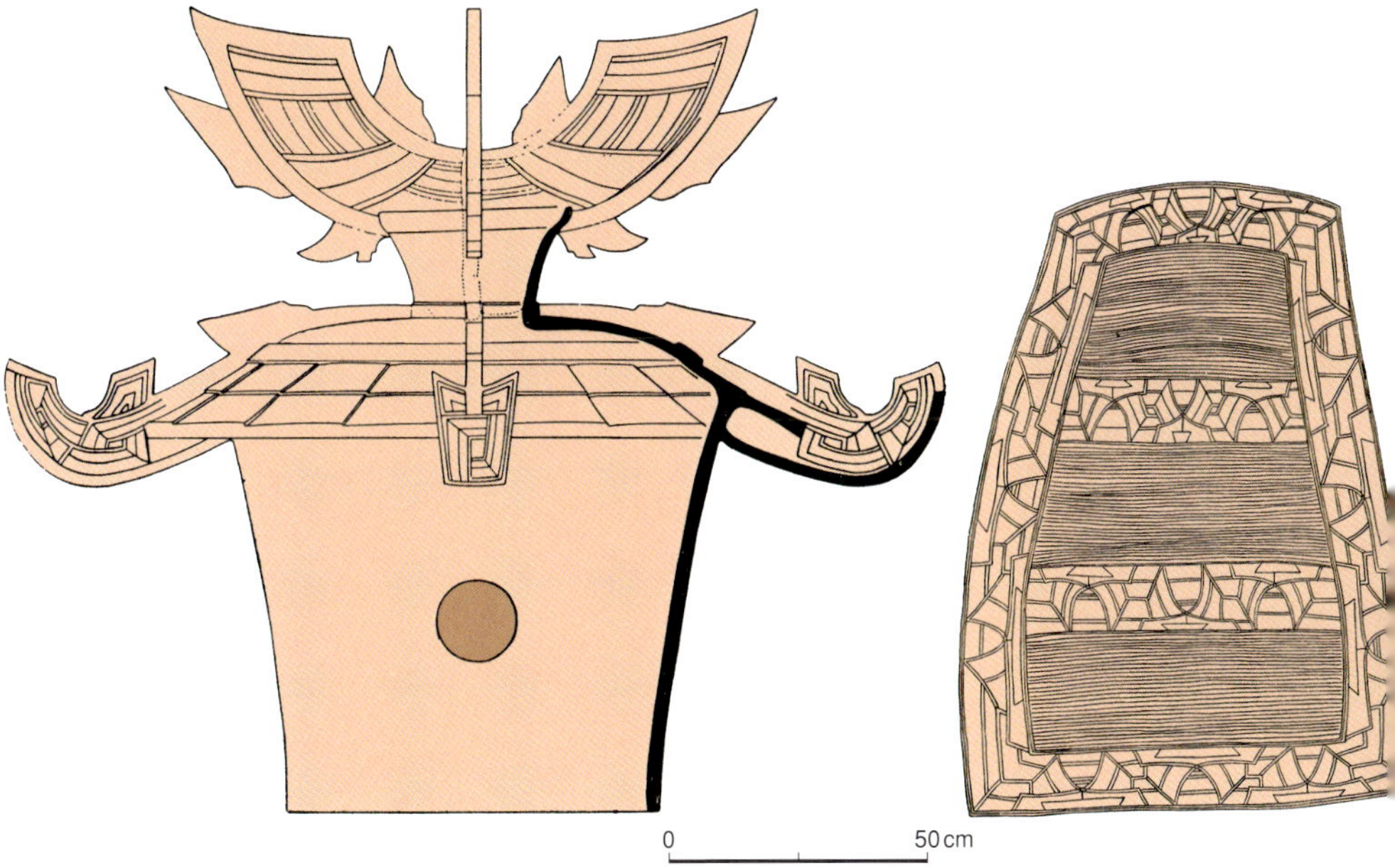


**図15 ● 佐紀御陵山古墳出土の蓋形埴輪**（左）**と盾形埴輪**（右）
盗掘により出土した資料は再埋納され、宮内庁には石膏レプリカが残されている。奈良県立橿原考古学研究所附属博物館には、これを元にした蓋形埴輪の樹脂レプリカが常設展示されている。前期後葉の大形前方後円墳の墳頂部を飾る形象埴輪の巨大さがわかる。

初のものとされた。また前方部頂上にも方形壇があって、その中央から少し東より外縁近くに平面矩形の埴輪基底部や西側外縁に円筒埴輪列の確認がある。後円部では方形壇の外側の墳頂平坦面外縁から一メートル内側に前方部側に開いた円筒埴輪列が全周することが確認された。また直径五センチの白色礫の存在が認められた。

一九九二年には石膏模型石製品の再実測があった。なかでも刀子《とうす》形《がた》石製品は、実物大で抜身《ぬきみ》の状態を模倣したものである。柄は新山古墳出土例に類似する。滑石《かっせき》製《せい》模造刀子として多量生産する前の初期段階を示したものといえよう。

## マエ塚古墳

マエ塚古墳（図9）は、佐紀御陵山古墳の北東にあり、ほぼ同時期の築造とみられる。直径四八メートル、二段築成の大形円墳であったが、一九六五年の宅地開発で墳丘は消滅した。

埋葬施設の粘土槨は巨大なもので、墓壙は南北下辺九メートル、東西下辺三メートル、深さ二メートル。棺外棺側（報告書では「遺物床」と呼称）には赤色の布を敷いていたと報告されている。中央に安置されたのは割竹形の刳抜式《くりぬきしき》木棺で、長さ四メートル以上、幅六〇センチ、大きな既掘があり全容は不明だが、それでも棺内からは石釧（完形一・破片九）の出土があった。

棺外棺側からは鉄ヤリ先・鉄剣一一九本、鉄刀二四口《ふり》以上、鉄鎌一〇点、鉄斧九点、鉄クワ先九点、刀子二口が出土している。佐紀古墳群西群における鉄製武器を中心とした鉄製品多量保有の一端を示す資料となった。また、木棺の北側小口部分に接しては、副葬品埋納専用施設が設けられており、銅鏡九面（内行花文鏡二面・変形内行花文鏡一面・四獣文鏡三面・八獣文鏡一面・変形獣文鏡一面・変形文鏡一面）、石製合子二合、石製坩《かん》一個が納められていた（図16）。

前・中期古墳の周囲からは埴輪棺、円筒棺などを用いた埋葬施設のみがみつかる場合がある。これらを主墳に従属した葬制ととらえ、従属葬とよんでいる。ここでは、墳丘や外堤から複数の従属葬がみつかっている。一九七三年の外堤調査では、南西部分に埴輪棺が発掘された。墓壙内に円筒埴輪二個体と朝顔形埴輪の上半部分を用いた全長一・八五メートル

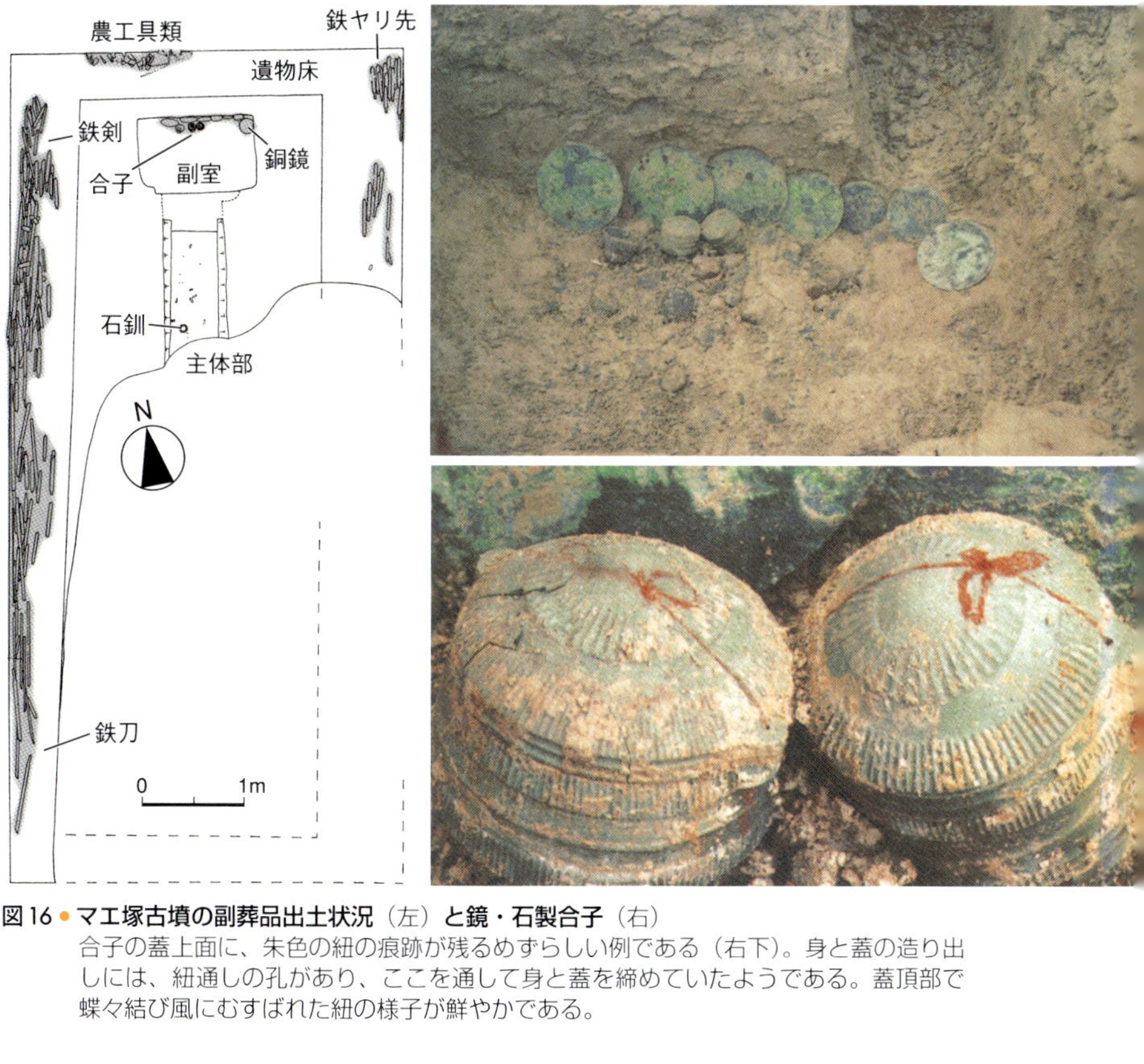


**図16** ● **マエ塚古墳の副葬品出土状況**（左）**と鏡・石製合子**（右）
合子の蓋上面に、朱色の紐の痕跡が残るめずらしい例である（右下）。身と蓋の造り出しには、紐通しの孔があり、ここを通して身と蓋を締めていたようである。蓋頂部で蝶々結び風にむすばれた紐の様子が鮮やかである。

の埴輪棺が納められていた。副葬品はなかったが、棺内に人骨が残る稀少例となった。頭位は東方向、顔面を中心に赤色顔料を塗布した成人は女性と鑑定された。棺に用いられた鰭付き円筒埴輪は、器高一〇三・八センチ、底径三〇・四センチ、七条の突帯からなり、最下段と底部から第二段のスカシは半円形、有黒斑でタテハケ調整、鰭部分には赤色顔料を塗る。また粘土が軟らかいうちにヘラ状の工具で×印を刻む。前期後葉の資料である。

## 佐紀石塚山古墳

佐紀石塚山古墳は、佐紀御陵山古墳の西北に隣接する（図9）。墳長二一八メートル、後円部直径一三二メートル、前方部幅一一一メートルで、三段築成、前方部を南に向ける。周濠東側が極端に狭い。これは先に築かれていた佐紀御陵山古墳の周濠があったために、規制を受けたものと考えられており、佐紀御陵山古墳に次ぐ前期末葉の築造とみられる。

後円部北東側の外堤に接して方墳が三基（宮内庁飛地い号―一辺三五メートル、飛地ろ号東側―一辺三〇メートル、飛地ろ号西側―一辺三〇メートル）ある。道ぎわからもよく見える。配置形態上、陪塚と判断できる状況だ。陪塚の初期事例として注目したい。

### たび重なる盗掘事件

「狭城盾列池後陵」（成務陵）として公的守衛・祭祀の対象であったとみられるが、『続日本後紀』には、平安遷都まもない承和《じょうわ》年間（八三四～八四八年）に禁止のはずの陵域内での伐木が発覚したことが記されている。事件はそれで収まらず、神功陵とのあいだに混乱があり陳謝、奉幣先をとりちがえていたことも明白となる。その後も『扶桑略記《ふそうりゃっき》』一〇六三年（康平六）五月の記事に、去三月に「池後山陵」が盗掘され、「宝物」が奪われたことがみえ、『百練抄《ひゃくれんしょう》』の同年一二月の記事には修復と盗人の返した「宝物」を再埋納したとある。江戸時代には「石塚」ないしは「石塚山」と称されたが、秋里籬島《あきさとりとう》『大和名所図会《やまとめいしょずえ》』（一七九一年〈寛政三〉）には、近年に里人が石棺を掘り当てたとあり、なかに大刀・短刀・鏡があったという。

さらに、幕末にかけて有名な盗掘事件が起きた。奈良奉行所による取り調べの記録『帝陵発掘一件』（図17）は、つぎのように記す。

犯人の供述によれば、一八四四年（天保

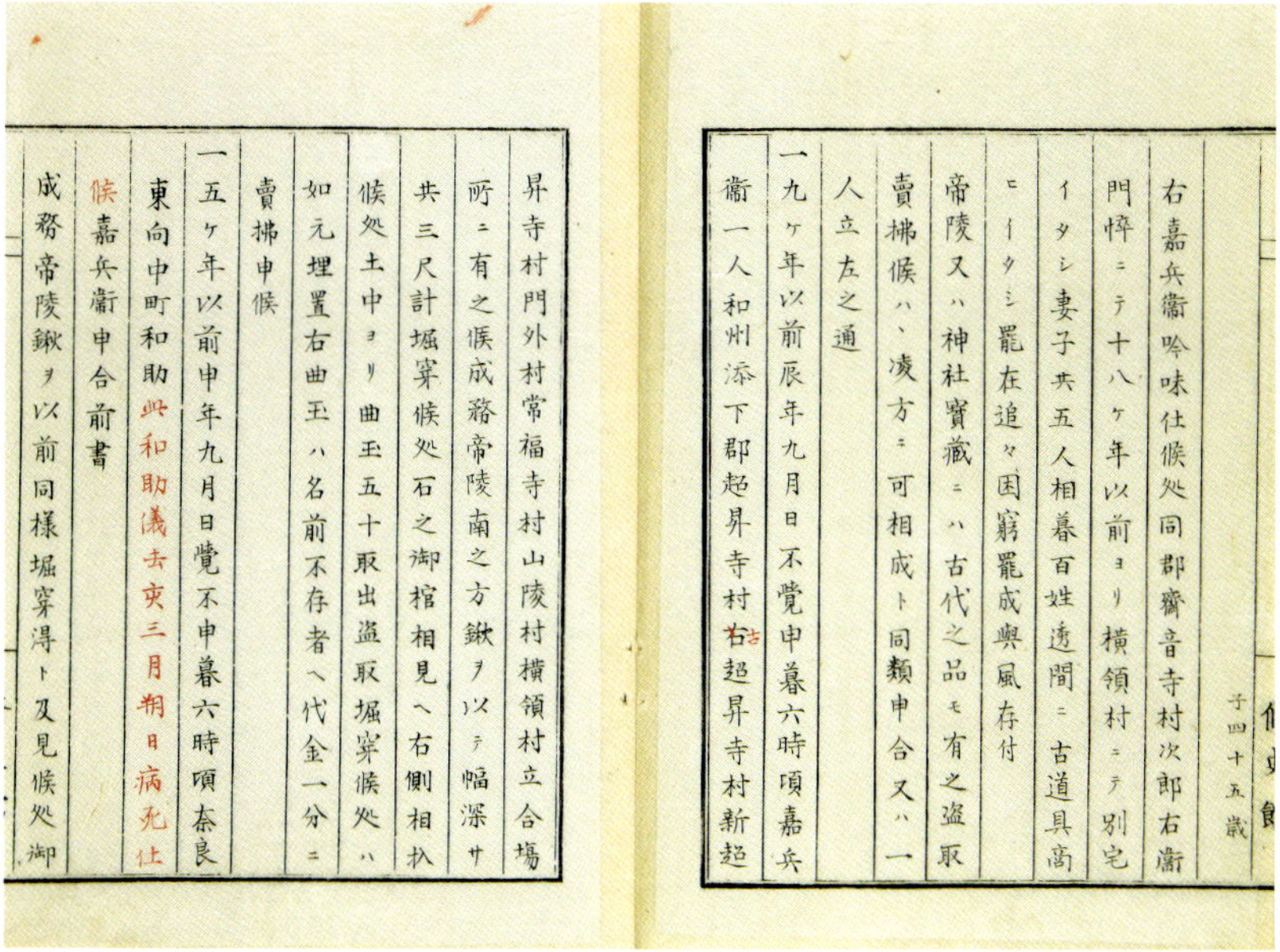
子四十五歳
右嘉兵衛吟味仕候処同郡齋音寺村次郎右衛
門悴ニテ十八ヶ年以前ヨリ横領村ニテ別宅
イタシ妻子共五人相暮百姓透間ニ古道具商
ヒイタシ罷在追々困窮罷成與風存付
帝陵又ハ神社寶藏ニハ古代之品モ有之盗取
賣拂候ハヽ凌方ニ可相成ト同類申合又ハ一
人立左之通
一九ヶ年以前辰年九月日不覚申暮六時頃嘉兵
衛一人和州添下郡超昇寺村古超昇寺村新超
昇寺村門外村常福寺村山陵村横領村立合場
所ニ有之候成務帝陵南之方鍬ヲ以テ幅深サ
共三尺計堀穿候処石之御棺相見へ右側相扒
候処土中ヨリ曲玉五十取出盗取堀穿候処ハ
如元埋置右曲玉ハ名前不存者へ代金一分ニ
賣拂申候
一五ヶ年以前申年九月日覺不申暮六時頃奈良
東向中町和助此和助儀去亥三月朔日病死仕
候嘉兵衛申合前書
成務帝陵鍬ヲ以前同様堀穿得ト及見候処御

図17●『帝陵発掘一件―奈良奉行所記録　全』
菅政友蔵本を1878年（明治11）に書写したもの。「修史館」（東京大学史料編纂所の前身）の用紙を使用。左頁2行目から「成務帝陵」への盗掘記録がみえる。

一五）九月のこと、地表下九〇センチに石棺を掘り出し、周囲から勾玉五〇個を取り出す。ついで一八四八年（嘉永元）九月には棺内から朱と管玉六八個、一〇月には棺内から管玉数十個を取り出したという。盗掘で石棺はほぼ露呈したものとみえ、「御棺石ニテ高四尺計長七尺計、幅四尺計、同覆ハ亀之形ニ相成幅五尺計長八尺計ニテ」とある。また、棺内から得た朱の重さは「一貫二百目」（四・五キロ）だった。盗掘は本墳以外に五社神古墳、宝来山古墳、布留社禁足地などにもおよび、主犯格は四人であった。一八五一年（嘉永四）二月に入牢、一八五七年（安政四）二月に至り処分が決まる。入牢中に病死した者もあったが「重科人之見込ヲ以死体塩詰申付置」とされ、「塩詰之死体奈良町引廻之上」で磔《はりつけ》に処せられた。

犯人の捕縛は、山陵研究家でもあった川路聖謨《かわじとしあきら》が奈良奉行在任中のことで、勤王思想が高揚するなか、厳罰処分が下されたものとみられる。あいつぐ盗掘は元禄以降の幕府の陵墓管理が厳格なものでなかった在地での実態を示した事件として興味深い。

## 石棺の様子

このように江戸時代の後半だけでも数度の盗掘をうけるが、山陵絵図には後円部墳丘頂上に露呈した石棺の様子が描かれている（図18）。たとえば文化山陵絵図の『廟陵記』には「長サ一間、巾三尺程ノ石六枚並埋有之」とある。つまり嘉永年間の盗掘以前から、すでに埋葬施設は大きく損傷していたことがわかる。『大和国帝陵図』（安政山陵絵図）にも六枚の石材が描かれていて、最長のものは六尺である。「水木資料山陵絵図」（文久・慶長山陵絵図）には蒲鉾形

POST CARD

おそれいりますが
５０円切手を
お貼り下さい

113-0033

東京都文京区本郷
2 - 5 -12
**新泉社**

読者カード係　行

| | | | |
|---|---|---|---|
| ふりがな | | 年齢 | 歳 |
| お名前 | | 性別 | 女・男 |
| | | 職業 | |
| ご住所 | 〒　都道府県　区市郡 | | |
| お電話番号 | －　－ | | |

## ●アンケートにご協力ください

**・ご購入書籍名**

**・本書を何でお知りになりましたか**

□ 書　店　□ 知人からの紹介　□ その他（　　　　　　　　　）
□ 広告・書評（新聞・雑誌名：　　　　　　　　　）

**・本書のご購入先**　□ 書　店　□ インターネット　□ その他
（書店名等：　　　　　　　　　）

**・本書の感想をお聞かせください**

＊ご協力ありがとうございました。このカードの情報は出版企画の参考資料、また小社から新刊案内のお知らせ等の目的以外には一切使用いたしません。

## ●ご注文書（小社より直送する場合は送料1回290円がかかります）

| 書　名 | 冊　数 |
|---|---|
| | |

の石材も表現されていて、石棺の蓋石を含むと考えてよい。石材が六枚に分かれている点や形状から長持形石棺を採用したものと考えられる。比較的細身で丸みのある蓋をもつ。

一方、『帝陵発掘一件』に著された石棺は棺身の全長二・一メートル、幅一・二メートル、高さ一・二メートル、棺蓋の全長二・四メートル、幅一・五メートルと記録されるから、絵図に描かれた石棺とは異なり、幅広で大型の長持形石棺ということになる。

従来から本墳には長持形石棺が採用されているのではないかという指摘がなされてきた。それは絵図や文書の棺蓋の形状表現からの推測で、石棺は同一のものとみなされてきたが、石棺の大きさや形状に相違がある。二基の長持形石棺が後円部墳頂に納められている可能性がある。現在、長持形石棺の観察ができないため型式編年上の位置を明確にはできないが、大形前方後円墳への長持形石棺採用の初期事例といえよう。

宮内庁による一九九五年の発掘調査では、後円部と北側渡土堤の接合部に設けられたトレンチか

図18●「水木資料山陵絵図」にみる佐紀石塚山古墳（現・成務陵）
前方部正面から後円部を描く構図はめずらしい。後円部頂上に6枚ある石材は、組合式の石棺材を描いたものだろう。

ら、三角形の突起を上端にもつ可能性のある楕円筒埴輪（柵形埴輪）、底径一五センチ前後の小形円筒埴輪、家形、蓋形埴輪が出土した（図19）。柳本古墳群の天理市櫛山《くしやま》古墳でも中円部から前方部にかかる外堤上から周濠内へ転落したとみられる定型化以前の柵形埴輪の配置がある。佐紀古墳群と柳本古墳群で新たな形態の埴輪を用いた埴輪配置がほぼ同じ時期に起きていた。

## 佐紀高塚古墳

西群西小支群の前方後円墳は前方部を南に向けるが、佐紀高塚古墳は唯一、それに直交する西向きの中形前方後円墳である（図9）。三段築成、墳長一二七メートル、後円部直径八四メートル、前方部幅七〇メートル。周囲は幅の狭い鍵穴形周濠がとりまく。前方部と後円部には落差があり、前方部はあまり開かない形状になると思われる。今日にいたるまで内容がほとんど知られていないが、『奈良市史』（一九六八年刊行）には埴輪の存在が指摘されている。現在は、奈良時代の女帝であった称徳天皇の「高野《たかの》陵」となるが、本墳を称徳陵にあてた確かな例は鎌倉時代のこと

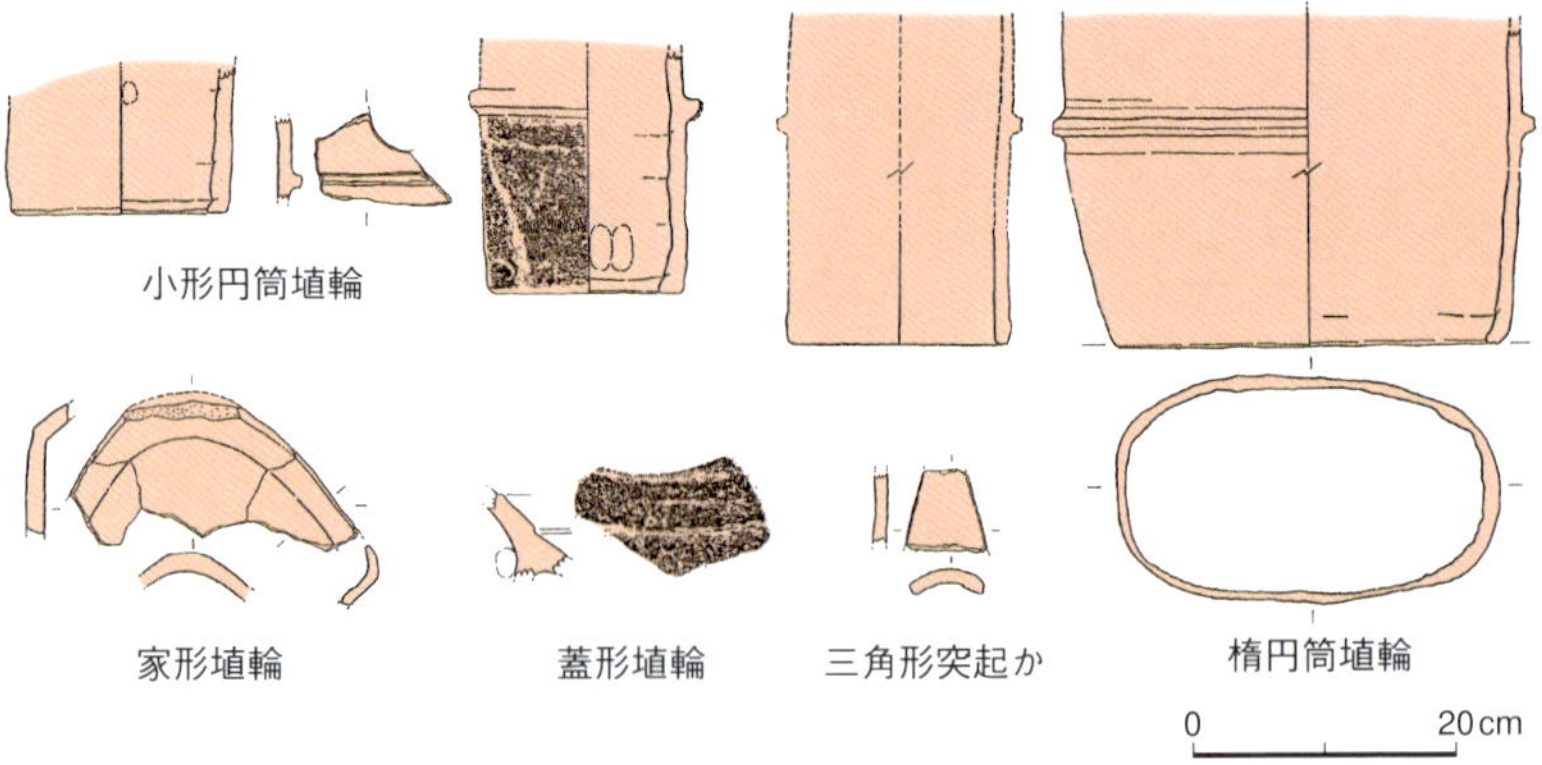


図19 ● 佐紀石塚山古墳出土の埴輪類
渡土堤は、はやく奈良県箸墓古墳にも存在したが、本例は単なる通路ではなく、埴輪を用いて空間表現される機能が備わっていたことを示す。

で、「大和国西大寺往古敷地図《やまとのくにさいだいじおうこしきちず》」（一三〇七年〈徳治二〉）以前の成立）に、「本願御陵」の墨書がある（図20）。平城京北辺二坊三・四坪の坪境小路から東にかかる位置に記されていて、本墳を指示したものとみられる。

絵図は西大寺に関連したもので、「本願天皇」とは七六四年（天平宝字八）に西大寺の建立を発願した孝謙太上天皇（のちに重祚《ちょうそ》して称徳天皇）のこと。『続日本紀』によると、七七〇年（神護景雲四）八月、平城宮の西宮正殿で没し、「大和国添下郡佐紀郷」に葬られた。第1章で触れたように具体的な場所は、西大寺の寺域西方にある。にもかかわらず佐紀高塚古墳を「本願御陵」としたのは、管理や祭祀の継続といった公的な陵墓制度の破綻を示すという側面とともに、中世後期の西大寺の経営戦略とむすび、ゆかりのある陵墓を利用したものとして理解したい。すなわち西

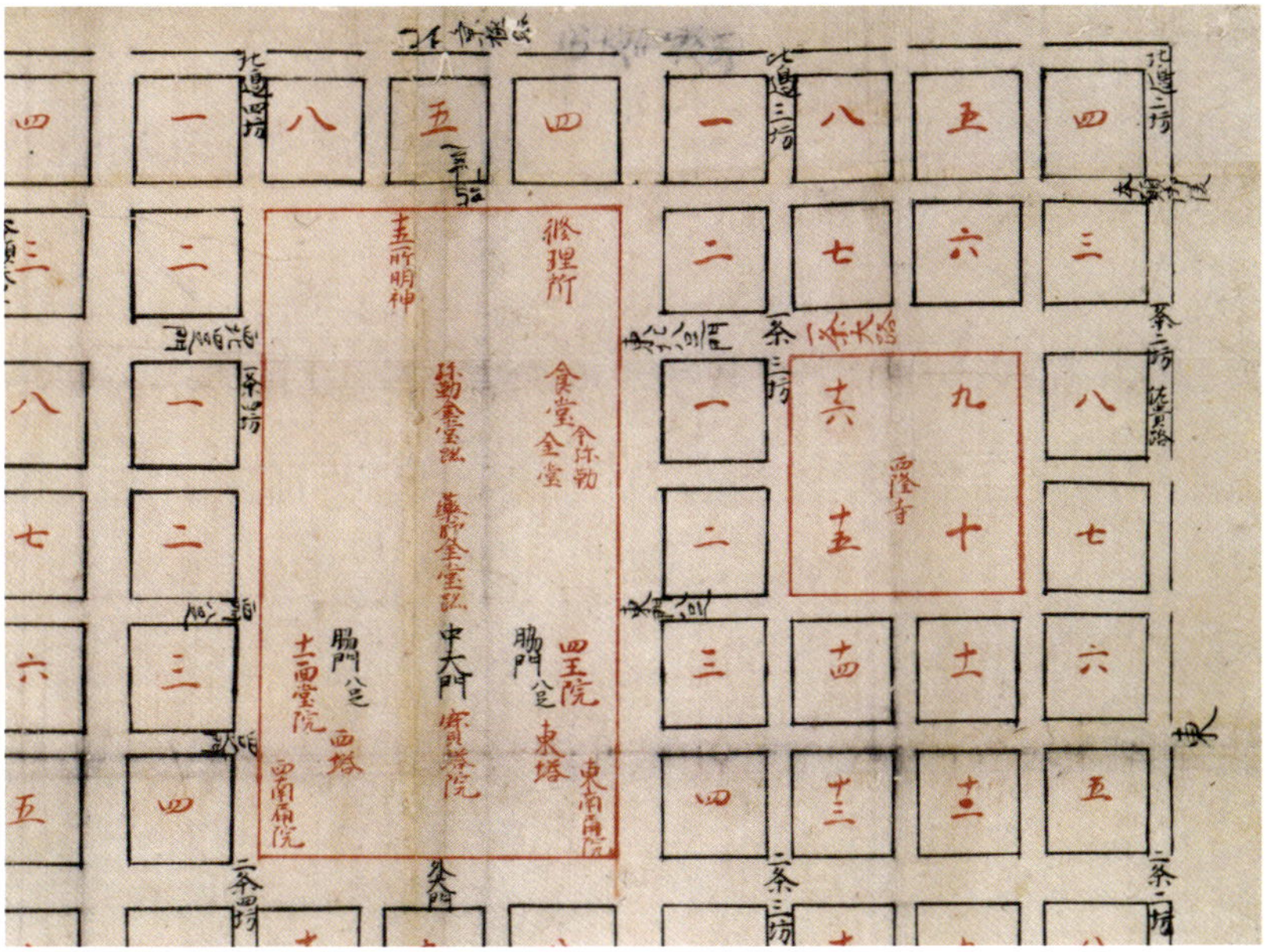


図20 ●「大和国西大寺往古敷地図」
ここにみえる平城京北辺坊の実態については、議論がある。施工時期・施工範囲については確定をみない。この図面どおり一条大路から北側二坊分の条坊施工の実際は、発掘調査成果の蓄積のなかで解かれることになろう。

大寺の寺領の確保、あるいは拡張という背景があったものと思われる。

　江戸時代の一六九八年（元禄一一）作成の「西大寺古伽藍敷地并現存堂舎坊院図」、同じく同年模写の「西大寺伽藍絵図」には、伽藍の東北方、京極大路以北に「本願称徳御廟」を描く。これは、先ほどの「大和国西大寺往古敷地図」の「本願御陵」とは異なる場所を示す。往時、「称徳陵」とされていた五社神古墳を描写したものではないか。西大寺の北方進出を示したものかもしれない。

　そのうえで幕末の考定にあたっては、西大寺関係の古絵図が

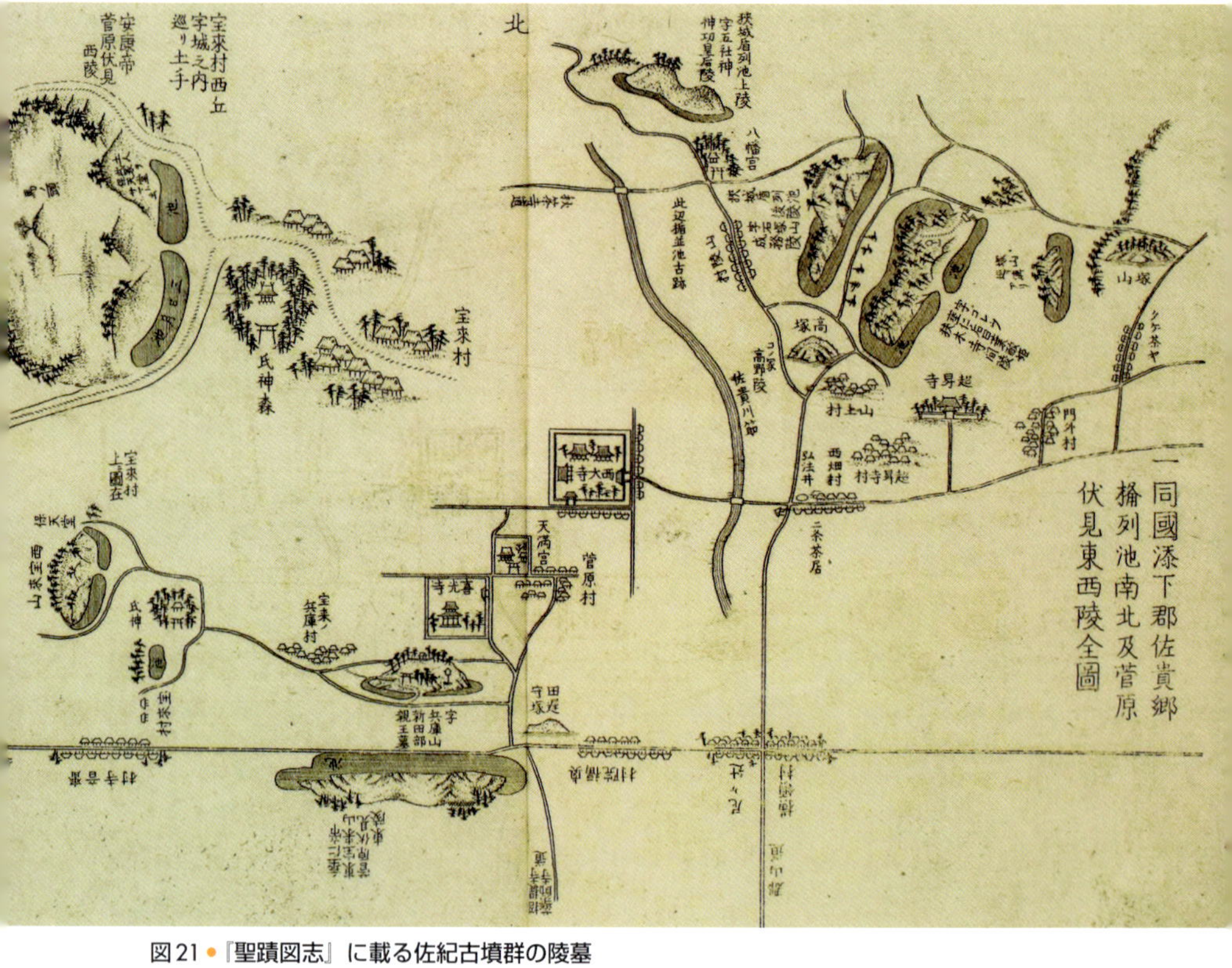


**図21 ●『聖蹟図志』に載る佐紀古墳群の陵墓**
佐紀石塚山古墳を成務陵とし、その西方に「此辺楯並池古跡」とあるのは、西大寺関連の絵図を参照されて陵墓比定が進められたことを示すものだろう。現在、垂仁陵の陪塚（飛地い号）となる兵庫山古墳は、本書では新田部親王墓と表記されている。

参考とされ、「大和国西大寺往古敷地図」などを根拠に、あらためて本墳を「称徳陵」にあてたものと思われる。平塚瓢斎《ひらつかひょうさい》（津久井清影）『聖蹟図志《せいせきずし》』（一八五四年〈嘉永七〉）には「高塚」と記し、「コノ冢高野陵」と付け加えている（図21）。

本当の称徳陵は西大寺の西方、平城京の西北隅で京域の内外にかかる位置にあったものと推測する。大和西大寺駅から大阪方面に向かってほどなく、近鉄奈良線の車窓から間近に見えてくる「奈良自動車学校」の南側丘陵、字高塚あたりにあるのではないかと考えている。

考古学情報が乏しく、断定的な見解は避けなければならないが、西小支群のある丘陵でも中央ではなく優先的とはいえない西南端に立地する点からは、佐紀御陵山古墳・佐紀石塚山古墳に先行して築造された蓋然性は低い。同規模の中形前方後円墳が西群東小支群に連続的に営まれている点からは、単独で西小支群に営まれたものとみなすよりも、柳本古墳群の行燈山《あんどんやま》古墳に対する大和天神山《やまとてんじんやま》古墳・アンド山古墳・南アンド山古墳、また渋谷向山《しぶたにむかいやま》古墳に対する上ノ山古墳のように、佐紀石塚山古墳もしくは佐紀御陵山古墳の主軸に直交する状態で配置され、大形前方後円墳に随伴する営みをあらわした古墳として理解できるのではないか。

## 五社神古墳

五社神《ごさし》古墳（図22）は、これまで紹介した古墳からは少し北に離れる。この古墳を最初に見学しようとするなら近鉄平城駅が最寄りの駅である。駅の脇の踏切をわたると八幡神社の石段に突き当たる。ここはもと鷹塚とよばれたと『平城村史』（一九七一年）は記すが、古墳が存在した形跡はない。東西どちらでもよい、丘陵沿いにまわり込む道をたどり、上にあがると本墳の前方部側周濠に出る。丘陵下の西側一帯が古代の「楯烈里」、南西には秋篠寺が望めるはずだ。現在、宮内庁では神功皇后の「狭城盾列池上陵」として管理する。

丘陵先端を利用した南向きの前方後円墳。墳長約二六七メートル、後円部直径約一九〇メートル、前方部幅約一五〇メートル（宮内庁報告の復元数値）。現在、鍵穴形周濠が後円部背後をのぞく三方をとりまく。周濠は渡土堤で仕切られた階段式の池となる。もっとも渡土堤は、「文久山陵絵図」の成功図に初めて描かれるものもあり、当初からの存在には疑問が出されている。本書では外堤と表記するが、後円部外周、前方部西側外周に沿った高まりに対しては、末永雅雄指摘の「周庭帯」の一例とする見方もある。後円部西北側では、これに接して円墳二基（宮内庁の飛地い号・ろ号）と方墳一基（宮内庁の域内陪冢）が存在する。慎重にみると古墳かどうかも定かではないが、陪塚の初期の事例となる可能性もある。

墳丘は後円部四段、前方部三段築成、背面の丘陵を切断して成形するが、後円部北側部分の段築第一段は途切れ、解消した状態にある。つまり、墳丘裾は同一の等高線による正円形で完周せず、後円部背面側では部分的に三段となる。これを整備不完全とするか、地形的制約からの省力化とみるか、評価が分かれるところだろう。

## 「神功陵」としての再発見

延暦年間（七八二〜八〇六年）以降の作成となる「大和国添下郡京北一条班田図」では、本墳の該当位置に「神功天皇后山陵敷地」の書き込みがある（図4参照）。律令国家は「神功陵」として公的守衛をしていたが、石塚山古墳の箇所でふれたように、あろうことか陵墓管理する陵守みずからが陵域内の樹木を勝手に伐木したり、また奉幣先をとりちがえたりと、在地社会とのかかわりを示す陵墓管理の実態こそが「本当の姿」であろう。

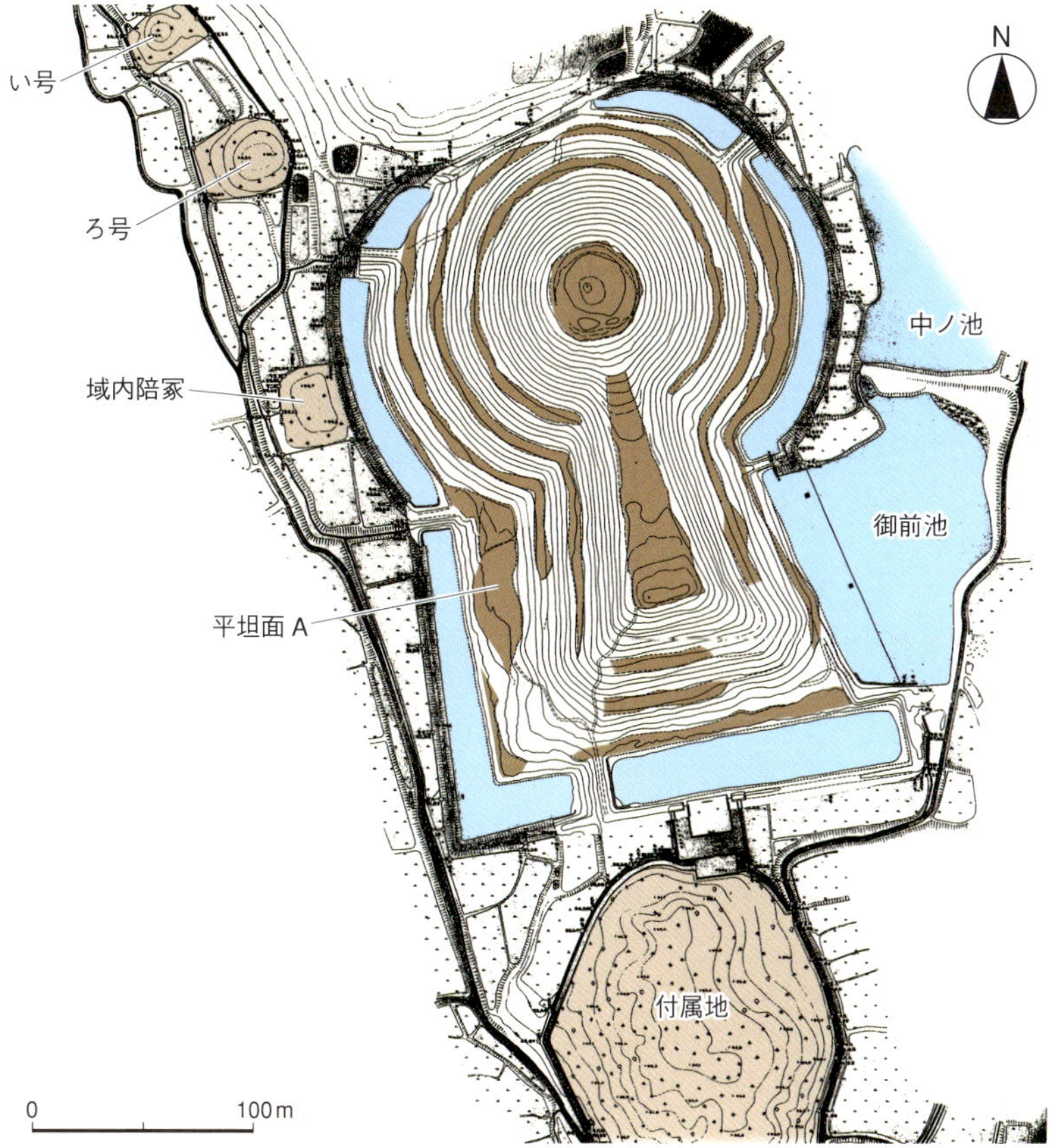


**図22 ● 五社神古墳の墳丘の現況と復元推定**
丘陵を利用して築造されたことがわかるが、後円部第1段は途切れた状態にある。西群の大形前方後円墳としては築造時期が新しく、そのため地形に制約がある選地となったのだろうか。

また、石塚山古墳の盗掘の五年後にあたる一八四九年（嘉永二）一一月、「称徳帝陵」の盗掘事件がおこる。これは当時の本墳のことである。さて、顚末を記録した『帝陵発掘一件』によると、「東北の方」を幅一・八メートル、深さ一・八メートルを掘ったところで石棺にあたったとある。形状や大きさは「垂仁帝陵」（宝来山古墳）に同じとあるから、長さ二・一メートル、幅九〇センチの長持形石棺と思われる。

「神功陵」としての再発見は、幕末近くになってからのことである。中世以降、西大寺との関係から本墳が「称徳陵」とみなされた可能性を先述したが、北浦定政《きたうらさだまさ》の『平城京大内裏坪割之図』一八五二年（嘉永五）には「神功陵」と表記する。定政は別に『大和国古班田図坪割略図及其解説』を著すが、そこには「神功陵」を佐紀御陵山古墳から本墳へ比定変更した根拠が、「京北班田図」にあると明記する。谷森善臣《たにもりよしおみ》の『藺笠《いがさ》のしづく』（一八五七年〈安政四〉）にも「近ごろ班田の古図に処考へて、神功皇后の狭城盾列池上陵に充たる考ぞいとよろしき」とあり、比定変更への支持が表明されている。

一八六三年（文久三）の決定後、一一月に修築、翌年二月に完成した。『御陵図』上（明治一二年山陵絵図）では、六カ所の渡土堤が描かれており、今日の様子とほぼ同じである。前方部前面の外堤中央には拝所が設けられた。拝所鳥居の左手には、八基の石燈籠が南北にならんでいる（図10）。ほかの陵墓にはみられない光景だ。先に述べたとおり神功陵とされた以降に、佐紀御陵山古墳から移されてきたもので、いちばん大きなものは「宝暦丙子年八月吉日（南面）」「神功皇后陵、永代常夜燈（東面）」「郡山柳里恭書（北面）」の文字が刻まれている。

寄進者の柳里恭《りゅうりきょう》（柳澤淇園《やなぎさわきえん》）は江戸中期の人で、老中柳澤吉保《よしやす》とその子吉里《よしさと》に仕えた家老曽《そ》根保挌《ねやすかた》の家に生まれた。保挌に対する吉保の信頼は篤く、その名に一字が与えられたうえに、柳澤姓を名乗ることも許された。一七二四年（享保九）に吉里は甲府藩一五万石から大和国郡山藩へ転封されるが、里恭もそれに従った。多くの随筆や書画を著し、日本文人画の先駆者とされる人物である。石燈籠は近世における陵墓と在地社会の関係性を示す貴重な歴史資料であると同時に、近代の陵墓政策によるその移築は、在地社会との関係分断の証左を意味して今日、存在する。

## 造り出しの初期事例

ところで、従来は本墳を前期後葉の築造とみなすことが通説であり、佐紀古墳群最初の大形前方後円墳と評価してきた。しかし、二〇〇三年の宮内庁調査は多くの新事実をもたらした。墳丘裾護岸工事にともなう事前調査として二一カ所のトレンチが設けられ、そのうち前方部西側面からくびれ部にかけて設けられたトレンチでは、長軸を墳丘斜面に突き込んで積み上げた葺石や基底石列、また当初の平坦面の一部がみつかった（図23）。それらをつなぐと西へ突き出る状態が見てとれ、西側くびれ部に造り出しが存在した可能性が高まった。造り出しだとすると、その初期事例となる。

実際、西側くびれ部から南にかけては広い平坦面の存在（宮内庁の報告で、平坦面Aと呼称）が指摘されており、あとに触れるが二〇〇八年、私自身も「立ち入り観察」でこの空間を実感できた。

## 明らかになってきた年代観

出土遺物の大半は埴輪類である。採集品も含めて円筒、朝顔形、壺形、盾形、家形、蓋形の確認がある。

円筒埴輪は底径三〇センチ前後、黒斑《こくはん》が観察され、野焼きによる焼成品。二次調整のヨコハケには静止痕跡が認められない。つまり、いわゆるB種ヨコハケによる個体を含まない。おもに円形スカシで方形スカシも若干、存在する。鰭付きのものがある。突帯の貼り付けには、凹線技法がみられる。

形象埴輪（図24上）には、古墳時代中期に顕著となる特徴がうかがえる。壺形埴輪は肩部から胴部の破片で、鍔《つば》状の突帯が顕著である。底部が開放で直立するタイプとみられている。過去の採集品では、前方部墳頂から蓋形埴輪が採集されている。笠部の襞《ひだ》表現は段差ではなく線刻による。佐紀御陵山古墳の墳頂部に配置された蓋形埴輪より後になる特徴をもつ。また家形

図23 ● 五社神古墳の墳丘斜面の状況
葺石で墳丘斜面は覆われていた。この調査によって西側では、くびれ部から前方部にかけて外に張り出ることが明らかとなった。造り出しの存在が確実視される。壺形埴輪は、このトレンチ調査で出土。

埴輪が複数個体分、存在する。壁体部分に同心円状の線刻表現をもつ個体がある。鏡や「的」の表現を彷彿とさせるが、何を表現したか確定はできない。盾形は後円部主軸線上での採集品で、盾面内区に菱形文様が意匠されたものがある。

　西側造り出し想定部分では、土器類が採集された（図24下）。笊《ざる》形土器四点は手捏《てづく》ねによる成形、口径一二センチ、内外面に笊の圧痕が明瞭である。底部近くでは、経《たて》二本ごとに緯《よこ》を通す綾編み、上方は経一本ごとに緯を通す笊編みとなる。ほかに口径三・五センチ、器高四・四センチの小型の壺、甕、直口壺、高杯があり、いずれも土師器類である。これらは造り出し部での祭祀行為によるものである蓋然性が高

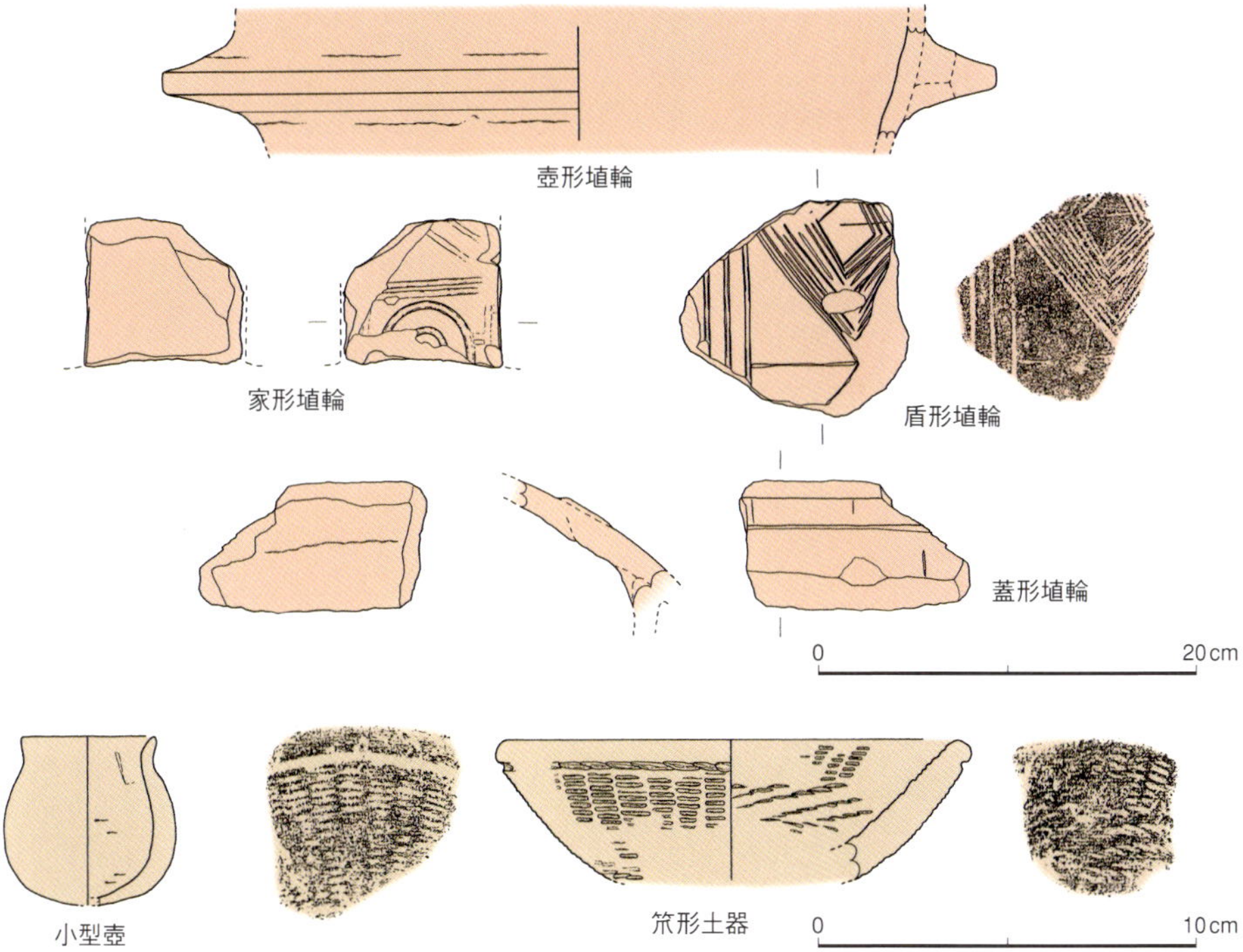


**図24 ● 五社神古墳西側くびれ部からの採集遺物ほか**
西側くびれ部の造り出しとみられる平坦面からは、
祭祀行為にともなう土器類が採集されている。

い。もちろん、これもその初期事例といえる。

調査以前の墳丘図の理解や、一部知られていた埴輪の所見から導かれていた前期後葉という年代観は、後円部埋葬施設への長持形石棺の採用や陪塚の可能性などとは、齟齬をきたしていた。しかし今回、中期古墳につながる特徴をもつ資料が多く判明したことで、この点は理解しやすくなった。佐紀石塚山古墳との前後関係は流動的だが、佐紀御陵山古墳に連続して佐紀石塚山古墳が築造されたとみると、それらにつづく前期末葉以降の築造となろう。佐紀古墳群最初の大形前方後円墳という従来の編年上の位置をあらため、西群で最後に築造された大形前方後円墳という評価を与えなくてはならない。そうなると、今度は南群の宝来山古墳や東群のコナベ古墳との連続性に課題を生むことになってくる。

## 一六学協会による「立ち入り観察」第一号

最近の出来事で特筆すべきもう一点は、二〇〇八年二月二二日に実施した、陵墓公開を求め

**図25 ● 16学協会による五社神古墳への立ち入り観察**（後円部北東部裾）
宮内庁書陵部の専門職員の説明を聞きながら、参加者間で観察成果の意見交換をしている。墳丘段築の形状や葺石、造り出し施設の有無、前方部の開き、周濠の段差、埴輪列の状態などが観察の主眼であった。

てきた考古学・歴史学系の一六学協会による「立ち入り観察」がある。本墳はその第一号となった（図25）。先ほどふれた西側くびれ部の広い平坦面の確認、前方部東側墳丘裾（ただし現況）での円筒埴輪列の新規確認など、墳丘第一段平坦面までという観察範囲の制限、専門家一六名といった員数制限など制約はあるが、学術上の成果とともに現陵墓の非公開原則を転換させる第一歩となった。

「陵墓公開」はまだ道半ばだが、私はこの日をいつまでも覚えていたい。

## 西群東小支群

平城宮北方を東西に貫通する県道谷田奈良線（通称、一条通り）に沿った北側に佐紀池がある。北側の奥に御前池、その両岸に二つの佐紀神社が坐す。池の中間が平城宮北面大垣想定線にあたる。さらに北に下吉堂池、上吉堂池がつづく。つまり、これらの池は丘陵の浅い谷を堰き止めて連続的に設けられたもので、谷の東側が西群東小支群である（図26）。大形前方後円墳で構成された西群西小支群とは対照的に、中形前方後円墳がならんでいる。

南側の竹林のなかにある猫塚古墳。近づいても墳形を認めるのは容易でない。一段と盛り上がったところが後円部だが、変形が著しい。奈良時代の聖武朝にみえる庭園「松林苑」の南西隅にも近く、奈良時代に造成が加えられたことが考えられる。

松林苑の調査では、猫塚古墳北西方で埋葬施設がみつかり、猫塚北一号棺と名づけられた。

住宅地のなかでよく残っていたものだ。西側には南北方向の小道があり、道沿いのフェンスで囲われたなかに瓢箪山古墳がある。南端には説明板と史跡標柱が立つ。このあたりから小道がちょうど松林苑の西面築地にあたる。上吉堂池の北、瓢箪山古墳の南には、大形円墳の衛門戸丸塚《えもんどまるづか》古墳がある。

瓢箪山古墳から北へ行くと近鉄平城駅へ向かう東西道路に出会うが、そのあたりから北方は佐紀町の住宅が途切れて畠が広がる。ほどなく塩塚古墳（図28）にいたる。東側から眺めると平らな前方部の様子が観察できるだろう。塩塚古墳の北東の雑木林がオセ山古墳、その向うには竹林が広がる。歌《うた》姫赤井谷横穴《ひめあかいだにおうけつ》がそのなかに現存する。

**図26 ● 佐紀古墳群西群東小支群の古墳**（西から、1993年5月撮影）
西群は佐紀池・御前池・下吉堂池・上吉堂池が設けられた谷を挟んで東西の小支群に分かれる。東小支群は中形前方後円墳、大形円墳などで構成される。四角で囲んだ古墳が東小支群。

## 猫塚古墳

墳形・規模ともに確定はしていないが、前期後葉の墳長一一〇メートル程度の西向きの中形前方後円墳になる可能性が高い。残存長約四・五メートル、幅約一・三メートルの竪穴式石槨とみられる施設からは、かつて神人龍虎《しんじんりゅうこ》画像《がぞう》鏡一面、銅鏃、石釧二一点、直刀八口《ふり》、鉄剣二二本が出土した。とくに石釧は粘土床に等間隔で二列に配列されていた。西側の松林苑築地の調査では、埴輪片の出土がある。築地を造る際に本墳の盛土が利用されたものかもしれない。

猫塚北一号棺は一九八三年の発掘調査で新たに確認されたもので、残存長三メートル、幅五〇センチの粘土槨である。墳丘の有無は削平もあって不明だが、もともと規模のある古墳とみるよりは、猫塚古墳の従属葬とみなすのが適当だろう。それでも石釧五点（図27）、車輪石五点、管玉一〇点、勾玉一点、合子蓋（付近に出土）が副葬されていた。とくに滑石製石釧を含む。うち二点については形態上、碧玉製《へきぎょくせい》石釧と同様である。腕輪形石製品への滑石採用の初期事例で、碧玉製石釧を補完する存在として登場する。

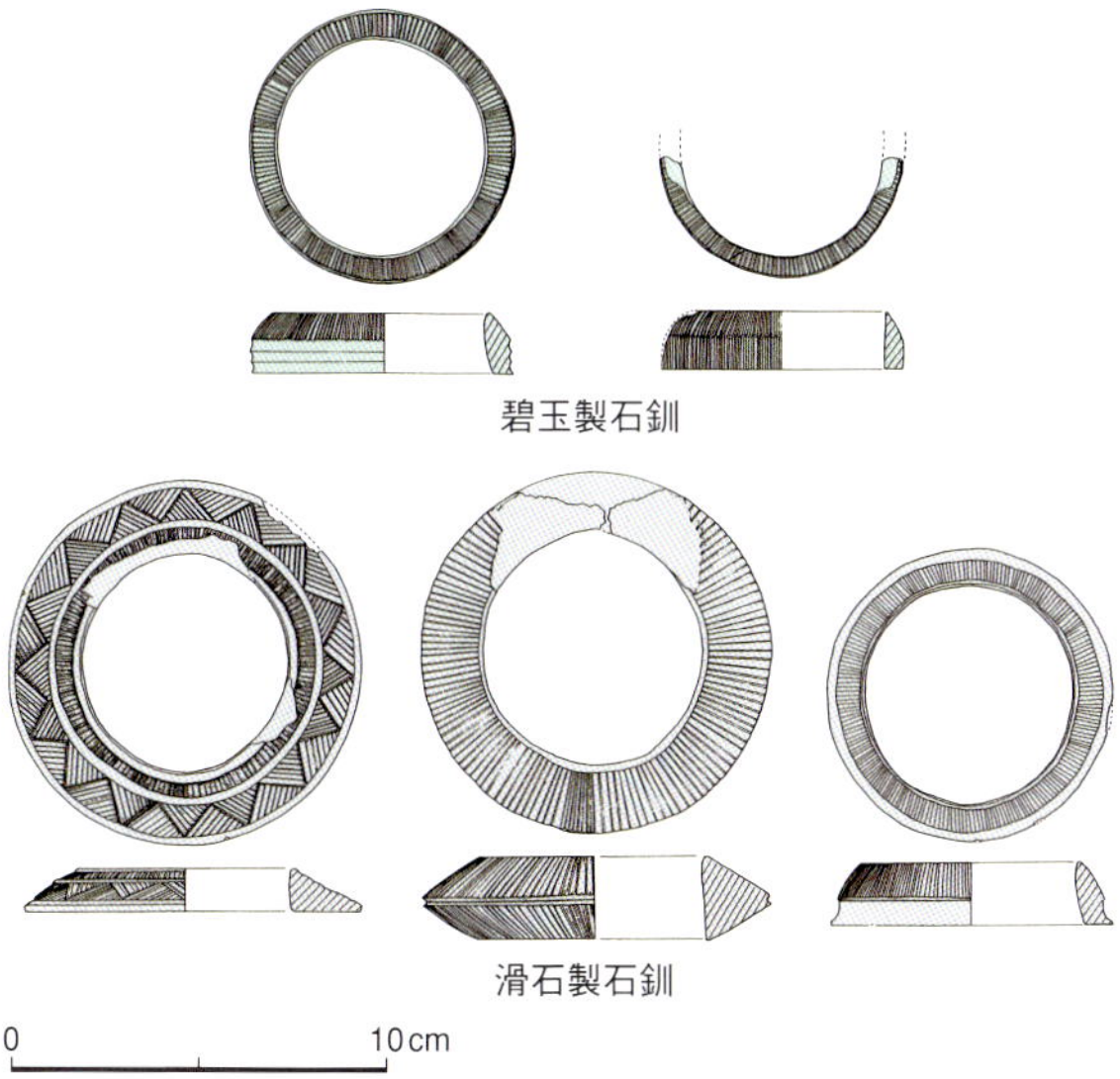


**図27 ● 猫塚古墳北１号棺出土の腕輪形石製品**
数量・種類の豊富さは、被葬者周辺への腕輪形石製品の供給をみたす条件があったことを物語る。小さな埋葬施設への副葬であるだけに、注目される。

## 衛門戸丸塚古墳

墳丘北東部分が大きく削られているが、前期後葉以降に築かれた直径四五メートルの大形円墳である。一九一三年（大正二）には、大阪電気鉄道軌道の工事に際してのバラス採取で、粘土槨がみつかった。南北方向に長さ約三メートル、幅一・五一メートルで、銅鏡一四面、銅鏃一九本、素環頭《そかんとう》鉄刀を含む鉄刀剣一八口が出土した。出土遺物はその後、宮内庁書陵部蔵品となる。

銅鏡のうち仿製内行花文鏡六面は、いずれも面径一二・〇センチで、文様構成、花文間の文様形状、珠文帯の珠文数においても同じであり、いわゆる同笵・同型関係が確認できる稀少な例である。そのほか仿製鏡は六面あり、二神四獣鏡三面（面径二一・九五センチ、二二・四センチ、二一・九センチ）、互いに外区文様が類似、内区地文様も線刻表現に類似性がある。四獣鏡二面（面径一六・二センチ、一二・九センチ）、擬銘帯をもつ二神二獣鏡（面径一五・六センチ）一面。舶載鏡は二面あり、一面は六花文の内行花文鏡（面径一〇・一センチ）、もう一面は画文帯環状乳神獣鏡（面径一六センチ）。近年の保存処理で、鉄刀やヤリのうちに刃部両面に樋《ひ》（溝）の入るものが新たに観察された。有樋の鉄刀は京都府園部垣内《そのべかいち》古墳にもある。

## 瓢箪山古墳

中期初葉ごろの築造とみられる中形前方後円墳。墳長九六メートル、後円部直径六〇メートル、前方部幅四五メートル。一九七一年に国史跡に指定され、翌年に整備事業がおこなわれた。

六カ所のトレンチ調査では、葺石が備わること、盾形周濠は完周することなく前方部前面中央から西側では途切れる。つまり、周濠をそのまま設けると先に築かれていた衛門戸丸塚古墳の墳丘にあたることになり、規制が働いたものと推測できる。

今もこういった様子は南側の遊歩道に立つと観察することができる。東側トレンチでは円筒埴輪片や奈良時代の瓦の出土がある。衛門戸丸塚古墳と同じく一九一三年（大正二）のバラス採取のため、前方部西南が大きく削られ、かつては後円部中央の既掘坑も観察できたという。また前方部にも埋葬施設があったようで、粘土槨とみられる。碧玉製琴柱形石製品三点が出土している。整備事業ではこれら破損部分は修復された。

## 塩塚古墳

南面する中期前葉以降の中形前方後円墳（図28）。墳長一〇五メートル、後円部直径七〇メートル、前方部幅五五メートル、盾形周濠がめぐるが浅い。

一九五一年、後円部で粘土槨の発掘調査があった。木棺は全長六・八〇メートル、北側幅六三センチ、南側幅六五センチで、稀な遺物といえる蕨《わらび》手《て》形刀子四口、ほかに鉄斧一五点、鉄鎌九点、短剣三本の出土があった。

一九七九年二月には、史跡整備事業にともなう再測量と墳丘裾へのトレンチ調査があった。松林苑の発見はこの時の周辺踏査で、本墳西北方に奈良時代の瓦をともなう築地《ついじ》痕跡を確認したことが端緒である。関与した者のひとりとして、この調査は思い出深い。

なお、後円部の高さ九メートルに比して前方部の高さが一・五〜二メートルと低平なことは最初の調査のころから注意されていたが、奈良時代の瓦の出土が墳丘裾の数カ所のトレンチで確認できたことから、松林苑関連施設が前方部上にあったのではないかと考えられるようになった。

本墳の北方約二五〇メートルにある歌姫赤井谷一号横穴の床面には、めずらしいことだが、埴輪片が敷き詰められていた。一九五四年の発掘調査により、陶棺二基、須恵器・土師器・刀子などとともに出土した。その後、奈良県立橿原考古学研究所附属博物館で整理作業が進められた。黒斑のある中期古墳に通有のものであったため、どういった事情でもたらされたものか、考えなくてはならない。

河上邦彦氏は、至近の前方後円墳である本墳に本来、樹立していたものを抜いて古墳時代後期後半の横穴に再利用した可能性を指摘したが、最近、埴輪片を再検討した加藤一郎氏は、後述するコナベ古墳に使われた円筒埴輪にハケメ技法の特徴が酷似することを明らかにした。ただし、段構成は現在知られるコナベ古墳の墳丘本体

**図28 ● 塩塚古墳**（北東から）
前方部が平らな様子がうかがえる。周濠に設けたトレンチからは奈良時代の瓦類が多量に出土したことで、前方部に松林苑関係の建物があったのではないかと推測される。ただし、市庭古墳やコナベ古墳の陪塚（大和26号墳）の周濠のように石敷きなどによる園池への形状変更は観察できない。

の四段五条構成の円筒埴輪より一段少ないという。以上のことから、同時期にあるとみられる本墳やオセ山古墳使用の埴輪からの抜き取り転用説に蓋然性があるとする。もっとも発掘調査や測量調査で埴輪列は見つかっていないし、埴輪片の出土もない。樹立していた円筒埴輪を一世紀半ほどのちに、基底部からすっかりきれいに徹底して抜き取ったと考えるか、解決は将来ということにしておきたい。

## オセ山古墳

ゲンオ塚古墳とよばれることもある。西側に短い前方部がつくものとみられ、測量調査の結果、墳長六五メートル、帆立貝形前方後円墳となる可能性がある。後円部側に幅五メートルほどの周濠が見られる。現時点では埴輪や葺石は確認されていない。

以上のように西群は、西小支群の前期後葉の大形前方後円墳である佐紀御陵山古墳の造営に始まり、東小支群の猫塚古墳がほぼ同時期に併行する。以降、佐紀石塚山古墳、五社神古墳、また衛門戸丸塚古墳、ついで瓢箪山古墳へとつづく。

大形前方後円墳と中形前方後円墳、大形円墳、従属葬の構成が継続する。中期前葉以降、西小支群に大形前方後円墳の築造はなく、東小支群に築かれる古墳は、中央群や東群の大形前方後円墳との関係において階層性を示すことになる。具体的には塩塚古墳、ついでオセ山古墳がこれにあたる。

# 第3章　丘陵中央の古墳を歩く

## 中央群

佐紀池から東に向かうと、佐紀丘陵を南北に貫く「歌姫越え」（歌姫街道）との交差点に出会う。下ツ道の北延長として古代から山城に通じる幹道として利用されたとみられるが、奈良時代には一帯に松林苑が設けられており、往来は厳重に管理されていたことだろう。

丘陵はこの道をはさんで西に高く、東に低く段差がある。歌姫街道から東側に分布する古墳をひとまとめに佐紀古墳群の東群とすることもあるが、じつは水上池をはさんで微高地と丘陵に分かれており、微高地に立地する中央群と丘陵に立地する東群に分別するのが適当だ。なお北方の谷奥には、鳶ケ峯《とびがみね》古墳（直径四〇メートル）がある。埴輪列、粘土槨をもつ前期末葉ごろの大形円墳だが、現況は単独的営みであるため中央群とは区別しておく。

歌姫街道との交差点から東に向かうと、佐紀町の民家の合間に小高くなった樹叢をみつけることができる。ここは現在、平安時代初期の平城天皇の「楊梅陵《やまもものみささぎ》」となる（図29）。すなわち平城宮造営で前方部を失った大形前方後円墳、市庭古墳の後円部にあたる。

平城宮跡の整備事業では、判明した前方部端と周濠外法肩の位置を列石により地上表示している。南側には、同じく墳丘を喪失した中形前方後円墳の神明野古墳が確認された。さらに南方には、削平された小形の方墳、円墳が存在した。また、東に寄った丘陵先端部にあたる平城宮東院地区では、古墳時代中期の埴輪窯がみつかっている（図2参照）。

## 市庭古墳

かつては、地上からの外部観察にもとづき列島最大級の大形円墳とみられていたが、一九六二・六三年の奈良国立文化財研究所の平城宮跡第一〇・一一次調査の結果、前方部が平城宮の造営にともない削平され、高さ約一三メートルの後円部のみを残した前方後円墳であることが明らかとなった（図30）。

周濠がめぐり、濠内の有機質堆積は厚さ三〇センチ、宮造営時にいっきに埋められたものと判断された。平らになった前方部の位置には、平城宮の内裏関連施設がつくられ、くびれ部から後円部にかけては宮北面大垣がと

図29 ● **市庭古墳**（現·平城陵、南から）
平城宮東区の中軸線の北延長上に後円部のみが存在する。内裏後方の園池景観の構成上に必要があって残されたのだろうか。

りつく。

　一九八〇年の後円部西側周濠部分の調査では、周濠幅二九・五メートル、深さ四・五メートル、さらに「外周溝」がめぐると報告されている。後円部北側での溝底幅九・七メートル、前方部南側では浅くなると見込まれる。なお、外周溝は外堤を画する溝のことで平面形や断面形状から外濠と区別されるが、個別の適用にあたっては現情報の評価によって研究者間にちがいがある。本墳についても二重周濠を備えるとする記述もあるが、それもまちがいでないことを付け加えておく。

　奈良時代には周濠を埋め、外堤の葺石を洲《す》浜石敷《はまいしじき》にとり入れ、園池に変えたことも明らかとなった。墳長二五三メートル、前方部幅一六四メートル、後円部直径一四七メートルとする復元案が示されている。円

**図30 ● 平城宮内裏と市庭古墳の関係**（南から、1988年1月撮影）
地上からでは大きさを実感できないが、空からみると削平された前方部や周濠が地上表示され、もとのかたちがよくわかる。

筒埴輪は、三条突帯四段、厚手で太い（図31）。底径二〇～二三センチ、口径三二センチ、野焼きの証拠である黒斑（有黒斑）がある。外面の最終調整には、均質的で静止痕跡のあるヨコハケ（B種ヨコハケ）がみられる。ほかに朝顔形・盾形・家形・囲形《かこいがた》埴輪がある。なお、江戸時代の山陵研究の多くはヒシャゲ古墳を「平城陵」に考定しており、本墳を「平城陵」とするのは、幕末近くになってからのことである。呼称は「子ジ山」が一般的で、古墳名として周知の「市庭」は削平された前方部の部分に相当する。

それにつけても、どういうわけで前方後円墳から宮殿施設への「変貌」が起きたのか。近畿中部の巨大前方後円墳が、おしなべて奈良時代に陵墓として公的管理されたわけでないことを示す一例だが、平城遷都にかかわる都市計画上の理念や陵墓制の実情などが背景にあるように思われる。あらためて、いつかこの「解答」を得ることに挑んでみたい。

本墳の築造は中期中葉にあり、百舌鳥古墳群の百舌鳥ミサンザイ古墳、古市古墳群の仲津山《なかつやま》古墳・誉田御廟山《こんだごびょうやま》古墳といった超大形の前方後円墳につぐ規模をもつ（図49参照）。後述するコナベ古墳、ウワナベ古墳、ヒシャゲ古墳も同様だが、佐紀古墳群の古墳時代中期における相対的位置、つまり佐紀古墳群の大形古墳の特徴は同じ時期に第二位の大きさで築かれつづけたということにある。なお本墳の陪塚は未確認であり、その有無の確定は課題である。

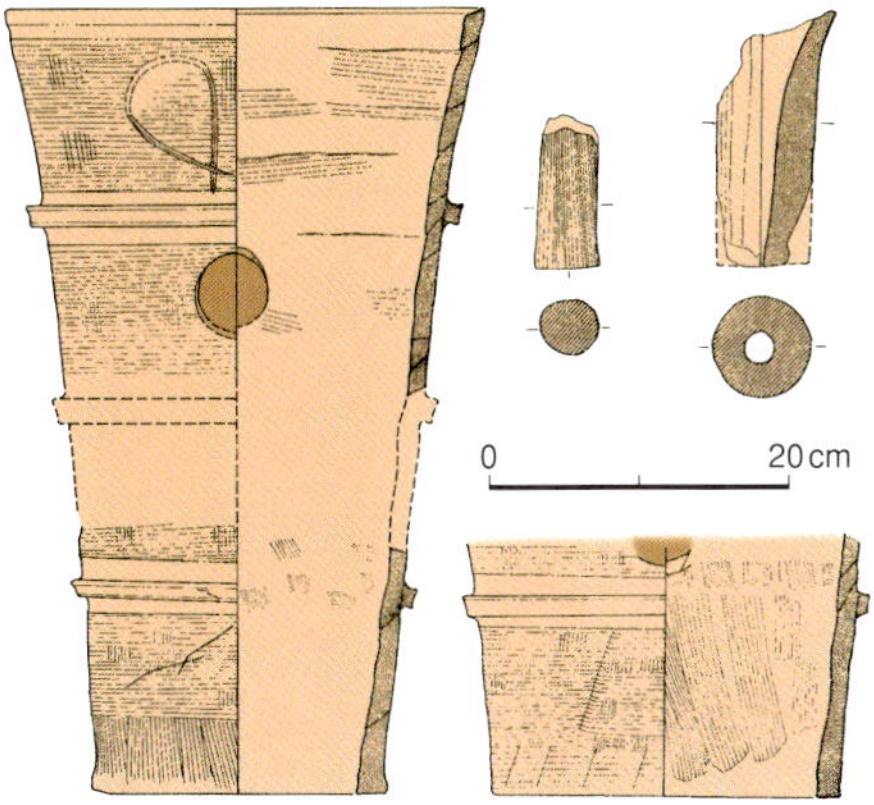


**図31 ● 市庭古墳出土の埴輪類**
埴輪の供給元の候補として、東院埴輪窯がある。窖窯以前の焼成坑を含む。円筒埴輪ばかりでなく各種の形象埴輪も出土。ウワナベ古墳出土埴輪との類似性も指摘されている。

## 神明野古墳

市庭古墳の南側四〇〇メートルにある。墳長一一七メートル、後円部直径六五メートル、前方部幅七二メートル、葺石と周濠をもつ。後円部に対して前方部が長く、あまり開かないのが特徴で、大山古墳に近似するという指摘がある（図32）。

宮造営で削平されたあとには、平城宮東区に内裏と大極殿院および下層の建物が造られた。平城宮第七三次・二三二次調査では、東側くびれ部に造り出しの存在が確認された。後円部側の調査では、墳丘側と外堤側の五カ所に樹立した状態の合計八本の埴輪が確認された。全体でコンテナ数約四〇箱分が出土し、円筒、家形、蓋形の各種があり、円筒埴輪には須恵器を焼くのと同じ形態の窯で焼かれた窖窯《あながま》焼成品が混じる。外面の二次調整には静止痕のあるB種ヨコハケがみられる。市庭古墳に後続する中期後葉に築造された。

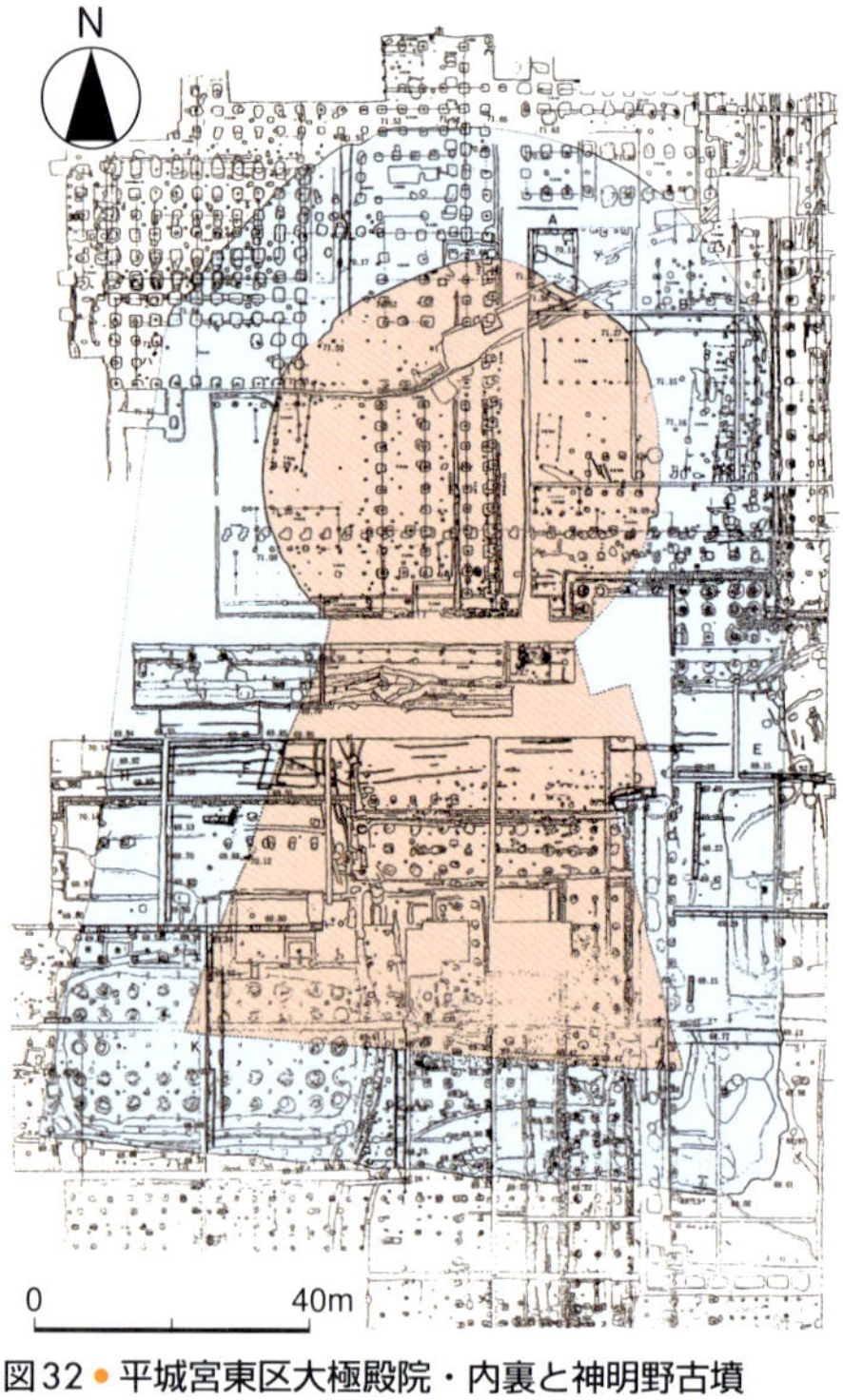


図32 ● 平城宮東区大極殿院・内裏と神明野古墳
前方部および周濠の西南に重複する建物は、第2次大極殿である。

# 第4章　丘陵東側の古墳を歩く

## 東群中央小支群

瓢箪山古墳と塩塚古墳の間の東西道路を東側に行くと、歌姫街道にとりつくT字路で、少し北に迂回してなお東に通じる里道をたどる。南側に水上池とその向こう側のコナベ古墳が側面方向から望める。水上池の北側にはヒシャゲ古墳の側面が見える（図26参照）。

このあたりは風致保全地区として規制されてきたこともあって、障壁となる建物はほとんどない。このごろは、一九九八年に登録された世界遺産「古都奈良の文化財」のバッファーゾーン（緩衝地帯）としての評価が加わった。ここは、前方後円墳を真横から広角度に観察できる絶好の見学場所である。歌姫街道から落差をもって東側に低くなり、八上池と水上池がある広い谷地形を認めることもできる。これが佐紀古墳群西群と中央群・東群を地形的に区分する。

大形前方後円墳のコナベ古墳・ウワナベ古墳・ヒシャゲ古墳は東群中央小支群にある（図33・34）。先行する前方後円墳を含む東群北小支群は、現在、航空自衛隊の幹部候補生学校敷

**図33 ● 佐紀古墳群東群の大形前方後円墳**（東南から、1970年1月撮影）
国道24号線バイパスの工事が、ウワナベ古墳東側外堤に及んでいる様子が写る。

地内に削平された状態にあるため、地上に望むことはできない。古い地図を見ると、北小支群があった丘陵からは一段、低まった部分を利用してコナベ古墳・ウワナベ古墳、北西方にヒシャゲ古墳とこれら三基の周囲に陪塚がとりまいた様子がわかる。

なお東側丘陵の尾根上に不退寺裏山古墳がある。墳長七〇メートルの前期の前方後円墳、従属葬をともなうが単独的営みであり、立地上も異なるため佐紀古墳群東群を構成する古墳とは区別する。

## コナベ古墳

コナベ古墳は南向きの前方後円

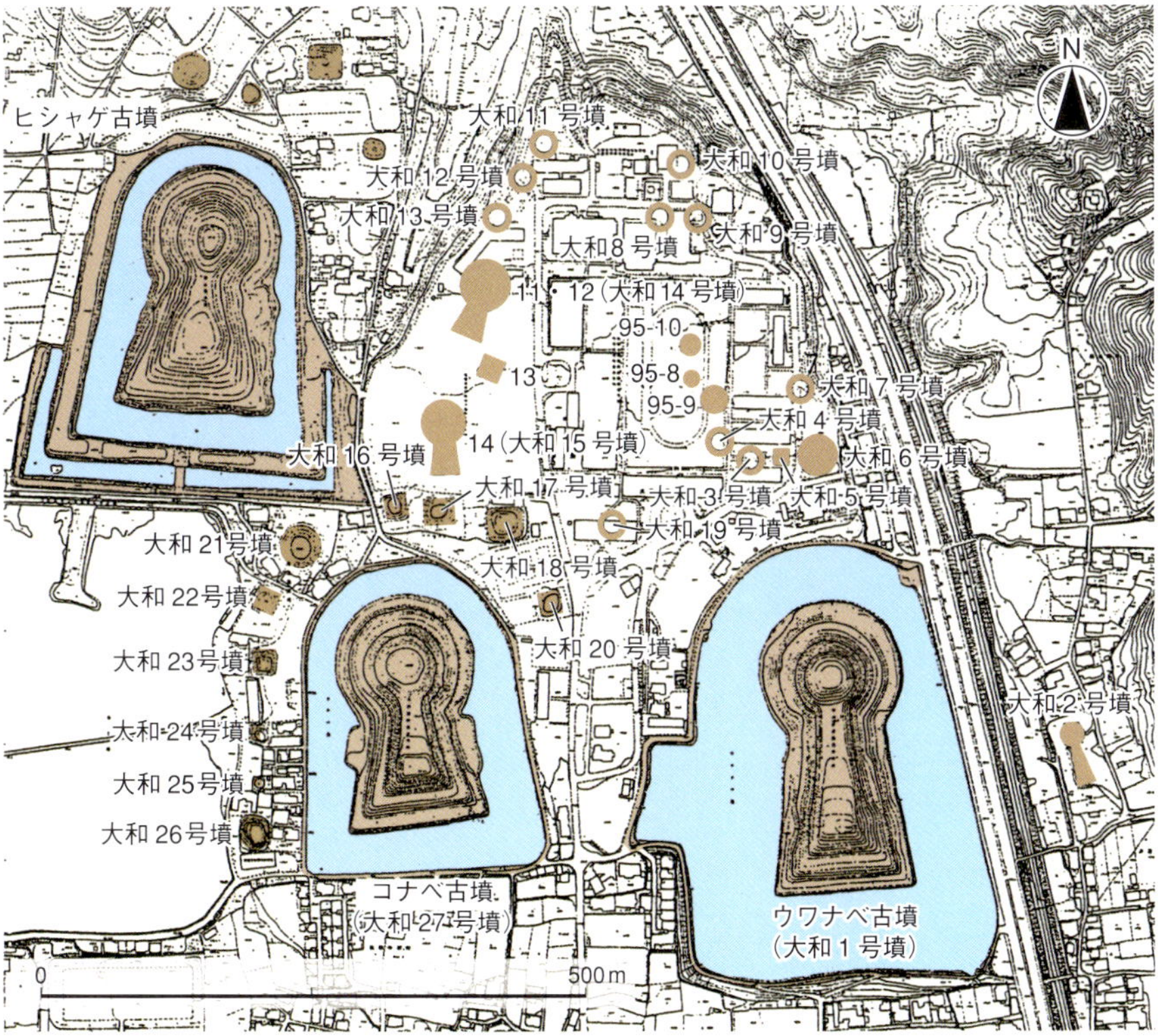


図34●佐紀古墳群東群中央小支群と北小支群の分布状況（位置不確定は白抜き）
大和と冠した連番は、末永1949による。95−8・9・10は新規確認（1994年調査）。11・12、13、14は2005年の調査による。各報告で呼称に変動がある（高木清生2008参照）。

墳で、中期前葉の築造になる。宮内庁の調査で得られた復元数値で墳長は二〇八・五メートル、既往の図上計測で、後円部直径一三一メートル、前方部幅一二九メートルで、並列するウワナベ古墳よりはやや小規模である。墳丘は三段築成、前方部前面での幅三八メートルの盾形周濠は、同一水面にめぐる。

江戸時代には元正天皇の「奈保山西陵」とする考えがあった（図35）。今は見られないということだが、江戸時代の『廟陵記』（文化山陵絵図）などには、石棺蓋石の露呈を示す記載がある。近世まで法華寺所有地であったが、一八八五年（明治一八）に陵墓参考地の前身の「御陵墓見込地」になり、現在は「小奈辺陵墓参考地」として宮内庁の管理下にある。

東西くびれ部には非対称の造り出しがあり、通例にくらべると著しく長い。さらに造り出し上面に段差のあることも注意されるところだったが、二〇〇九年に墳丘保護工事の事前調査が宮内庁によりおこなわれた。東側造り出しは墳丘との接続部で南北長五八メートル、西側造り出しは墳丘との接続部で南北長四二メートルに復元される。さらに西側造り出しでは、列がずれて鍵手状になる埴輪

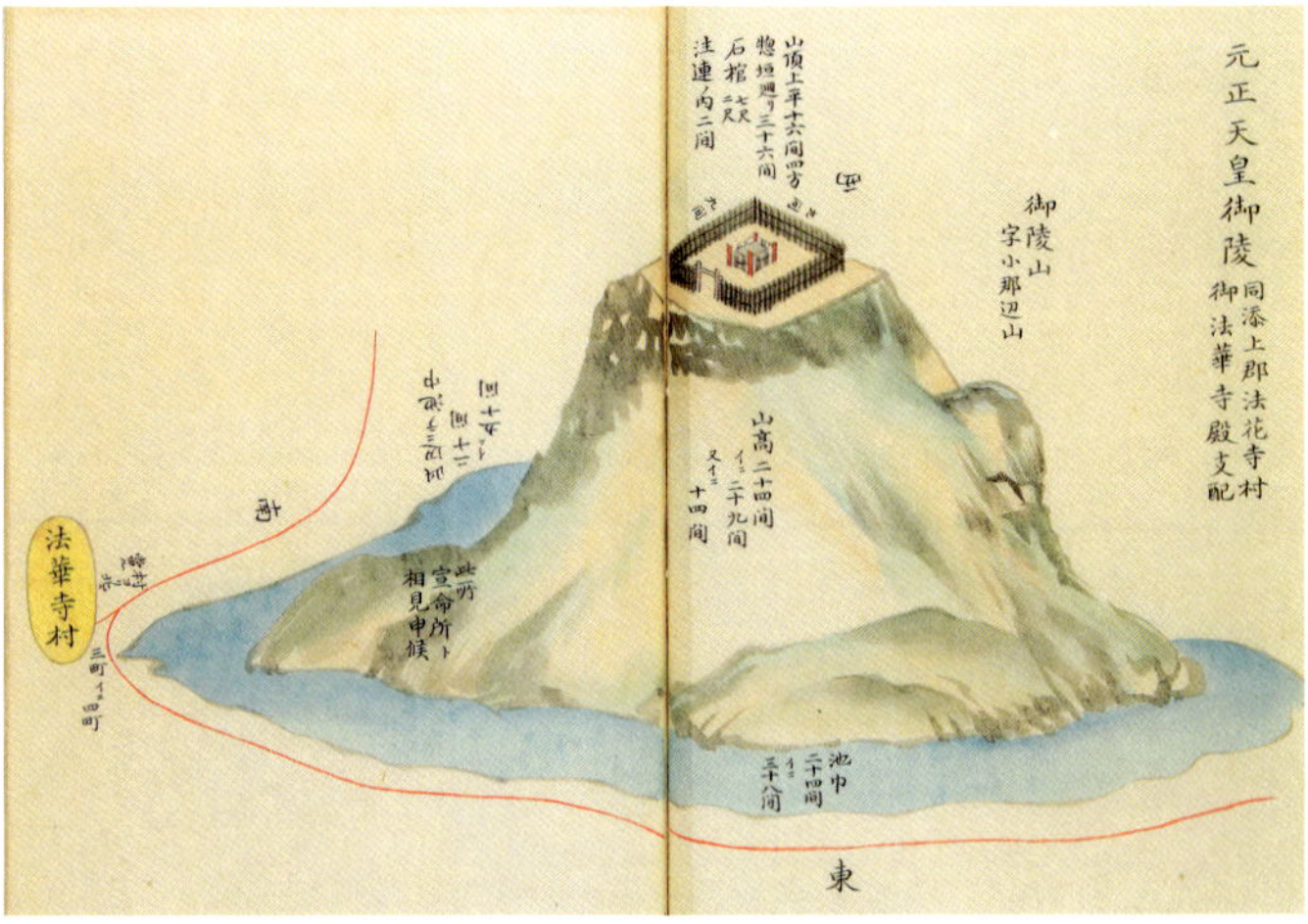


**図35●『諸陵周垣成就記』にみる「元正天皇御陵」**
「御陵山　字小那辺山」とあり、江戸時代のコナベ古墳の様子を知ることができる。後円部墳頂部には、「石棺」と詞書がある。

列が見つかり、蓋形埴輪をのせる大型円筒埴輪、南側に一段と高まる段差斜面の葺石や、その一段高い平坦面上の埴輪列も姿をあらわした。現況図上に認められた段差は築造当初からの施設であることがわかった。

ほかにも多くの事実が判明した。前方部東側では排水施設がみつかった。最大幅約五〇センチ、地山と墳丘盛土の境目に設置されていて、墳丘裾に近い位置まで雨水などを導いて墳丘下に浸透させる機能があったのではないかと推測されている。墳丘盛土を維持するための古代土木技術の〝知恵〟である。また、ところどころ葺石が二層構造となり、下に小さな礫を敷き詰め、上に長径三〇センチ大の石材を敷く。さらに、主軸線上の墳丘第一段平坦面にトレンチが入り、埴輪列が確認された。前方部では第二段斜面葺石の追究もあって、第一段平坦面は幅約六・九メートル、後円部側では幅四・八メートルになる。

コンテナで約八〇箱分が出土した埴輪は円筒、朝顔形、壺形、蓋形、家形、柵形などで、黒斑があり、大半が野焼きとみられる。これは、前方部外堤に対する奈良市教育委員会の一九七九年の調査成果（図36）と同様である。円筒埴輪は四条五段構成で、第一段が高い一群は器高七三センチ前後、円形のスカシ孔をもち、底径は二二〜二五センチが多い。突帯間隔の設定には凹線が目印に用いられる。ただし、一部の埴輪に窖窯焼成品の可能性がある点、外面最終調整はハケの静止痕跡が目立つＢｂ種ヨコハケがもっとも多いが、突帯の間をいっきに一周で仕上げるＢｃ種ヨコハケもみられる点から、大阪南部の須恵器窯に照合すると、大庭寺段階からＴＫ（高蔵）七三型式段階併行期に位置づけられるとみられた。埴輪以外では、笊形土器・土師器（高杯・壺）が西側造り出しに出土している。もっとも墳丘築造時期より明らかに新しい須恵器の出土もある。なかでも西側くびれ部に七世紀後半ごろの平瓶《へいへい》が出土した。

西側と北側の外堤に接して陪塚がある。宮内庁の「小那辺陵墓参考地」の飛地となる七基（い号〜と号）、さらに宮内庁「磐之媛陵」の飛地となる三基（い・り・ぬ号）を加えた一〇基の構成になる。現況基数だけでも百舌鳥古墳群の大山《だいせん》古墳に準じる数量だ。大半が方墳と見込まれるが、飛地は他例（宮内庁の「崇神」「垂仁」「景行」「神功」「磐之媛」「宇和奈辺」の各陵墓および陵墓参考地）と同様に、一八九二年（明治二五）に陵墓に編入された。

一九九七、九八年には、奈良県立橿原考古学研究所による東側の航空自衛隊基地内の調査があった。東側外堤にいわゆる外周溝がともなうこと、外堤上外側の埴輪列、大和《やまと》二〇号墳（飛地い号）は周濠を備えた一辺三〇メートルの方墳で墳丘第一段に埴輪列をもつこと、周濠は奈良時代の園池に利用されたことが判明した。二〇〇八年には西側外堤沿いにならぶ大和二六号墳（飛地と号）北側で溝状遺構と奈良時代の石敷き遺構、二〇一〇年には大和二六号墳南側で奈良時代前期の石敷き遺構がみつかった。コナベ古墳の外堤と陪塚は、奈良時代の園池として利用されたとみられる。

**図36●コナベ古墳前方部南側外堤の円筒埴輪列**
1979年の奈良市教育委員会による調査では、外堤内法肩にならぶ円筒埴輪列の存在がわかった。調査範囲内に18個体分が出土。

日本考古学史上、記憶すべきはウイリアム・ガウランドによる本墳の測量図の作成である。天皇陵古墳として多くの大形前方後円墳の測量図が未公表であった戦前には諸書に引用された。宮内省諸陵寮の図面と比較検討した上田宏範氏によると、両者はほぼ一致し、陵墓参考地となる一八八五年（明治一八）ごろまでの実測とされる。上田氏の研究はウワナベ古墳のものとされていた同図をコナベ古墳の図面として認識をあらためることを主旨としたものであった。またガウランドは、ウワナベ古墳から撮影したとみられる本墳の全景写真を残している。よく似た構図の写真はロマイン・ヒッチコックの資料中にもある。

## ウワナベ古墳

ウワナベ古墳は、コナベ古墳の東隣に中期中葉に築かれた南向きの前方後円墳である。墳長二五五メートル、後円部直径一三〇メートル、前方部幅一三〇メートル、幅の広い同一水面の盾形周濠がめぐる。前方部前面での幅六〇メートルである。前方部は長く、西側には造り出しがある。外堤の外側には外周溝が備わると報告された。なお市庭古墳でも説明したように、これを周濠と評価して二重周濠を備えるとする解説もある。

奈良時代には、南側外周溝が平城京北京極大路に、東側外周溝が山城国泉津への道に変じた。この平城京東三坊大路の北延長道路は「ウワナベ越え」として、平安時代以降も京から南都へ入る幹道であった。呼称は宇和奈辺または大奈辺と表記されることが多い。『廟陵記』（文化山陵絵図）の詞書には三段築成を記すほか、墳丘内や外堤に「底無シ壺多伏セ」とあり、埴輪の囲繞に触れる。

一八八四年（明治一七）九月の法華寺住職近衛高鳳による大阪府知事建野郷三宛の上申書には「往古ヨリ当寺所有地ニ候処」としたうえで「字ウワ鍋山」（ウワナベ古墳）は元明天皇、「字小鍋山」（コナベ古墳）は元正天皇の山陵とする伝承があったとする。両古墳は大阪府（当時、奈良県は廃止されており、大和一国は大阪府管下）に上地《あげち》され、翌年には陵墓参考地の前身である「御陵墓見込地」となった。

## 東側外堤が国道バイパスに

今日、東側外堤は国道バイパスに変貌してしまった。工事の事前調査が一九六九・七〇年に奈良国立文化財研究所（当時）によって実施された。外堤がもともと「陵墓参考地」外の民有地だったとはいえバイパス道路となってしまうとはあってはならない出来事だったが、背景には複雑な社会情勢がある。

一九六〇年代の高度経済成長と車社会の本格化、わけても奈良県では急激な人口増大が起こり従来の道路事情は悪化していた。とくに京都と奈良・和歌山の交通量増大への対処から国道二四号線のバイパス計画がもち上がる。一九六四年の当初案はヒシャゲ古墳の周濠西側を抜けて水上池に橋を架けて南下する予定であったという。

ところが事前調査が開始されると、東院庭園の新規確認などがあいつぎ、平城宮跡を分断することになる当初案は有識者の反対を招き、保存要望は国会の採り上げるところとなって、ついに一九六八年四月には当時の保利建設大臣においてルート変更の表明がなされるに至った。新ルートは自衛隊学校の北で西に振れる道路計画を国鉄関西本線（当時）沿いに東に振り、ウワナベ古墳の東外堤を南下して、東三坊大路に沿うというものであった。発掘調査はこのような経過のもとで始まった。

後円部側北東外堤・東外堤のトレンチでは外堤内法《うちのり》斜面の葺石が、前方部側東南外堤のトレ

**図37 ● ウワナベ古墳外堤の円筒埴輪列**（北から）
国道24号線バイパスにともなう調査では、東外堤に5カ所のトレンチが設けられた。外堤左側の落ち込みは外濠。

ンチでは外堤外周をとりまく埴輪列と、外堤の外側を区画する外周溝が確認された。外周溝上層には奈良時代の遺物が見られるが、その堆積層から新たに南北溝が掘り込まれる。これは道路側溝としての開削とみられている。

東南隅での外堤上面の幅は三〇メートル、外周溝の幅は一〇メートル、西北方の外堤上面の幅は二四メートルと求められ、外堤は南北で幅員が異なる。

外堤外周の埴輪列は幅四五センチ、深さ三〇センチの布掘り内に鰭付き円筒埴輪が樹立する（図37）。南北五九メートルの間に一一四本がみつかった。さらに北西外堤上には原位置を保つ円筒埴輪があり、内周する埴輪列が確認された。外堤両側の埴輪は内周二四八四本、外周二八七三本と推計されている。

本墳の築造がコナベ古墳とヒシャゲ古墳の間にあることは、以下の資料からもわかる。まず、出土埴輪に鰭付き円筒埴輪がある（図38）。残りのよい個体では六条突帯七段、底径三二センチ、器高九六センチに復元された。最上段・五段に一対の小さめ三角形透孔、四・六段に長方形スカシをもつのが特徴だ。伝統的な形態を保つ。なかには舟形のヘラ描き線刻をもつものもある。窖窯焼成品でB種ヨコハケを施す。

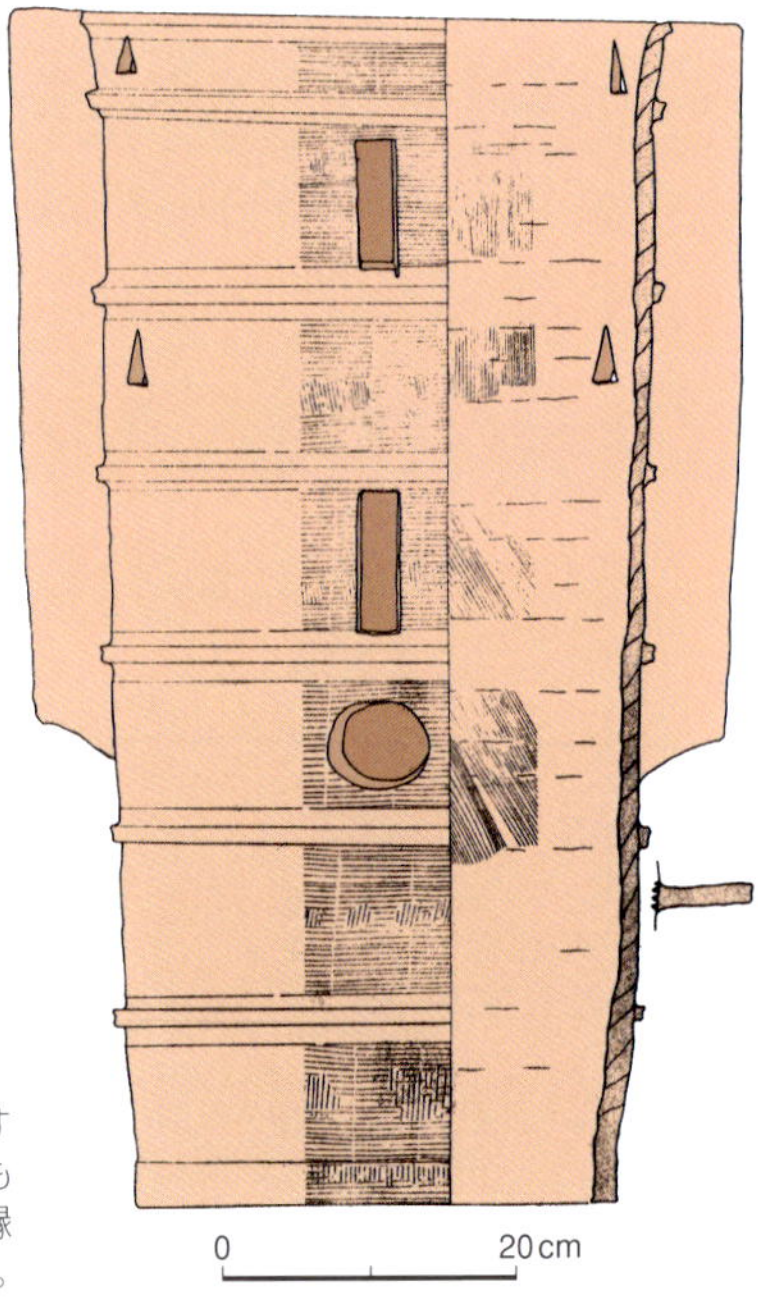


図38 ● ウワナベ古墳出土の鰭付き円筒埴輪
古墳時代前期以来、奈良盆地で成立する大和型鰭付き円筒埴輪とよばれるもの。ほかに誉田御廟山古墳にみる口縁部に突帯をもつ円筒埴輪の出土もある。

祭祀に供された遺物の出土がある。造り出しからは須恵器の器台・𤭯《はそう》・壺・杯・高杯、土師器の小形高杯・鉢、手《て》捏《づく》ねの魚形土製品二点、棒状土製品が採集されている（図39）。須恵器はおよそＴＫ二一六型式に相当するとされる。

このように考古学成果は残したが、東側外堤はバイパス道路と化した。今は往時を偲ぶこともできない。私自身も調査がおこなわれた時点では、京都の中学生だったので昔日のウワナベ古墳を知らない。この先、現有道路を見直して、ウワナベ古墳東側外堤をもう一度「復活」させるような〝知恵〟が出せないだろうか。バイパス道路が古墳の外堤であったことを忘れてはならない。

ところで、ガウランド撮影の写真に埴輪の樹立を示すものがある（図40）。コナベ古墳となっている資料だが、最近、これを検討した加藤一郎氏は左から二本目の個体が鰭付きと見えることや、写真中央の転落した埴輪片にも鰭部分がうかがえることなど

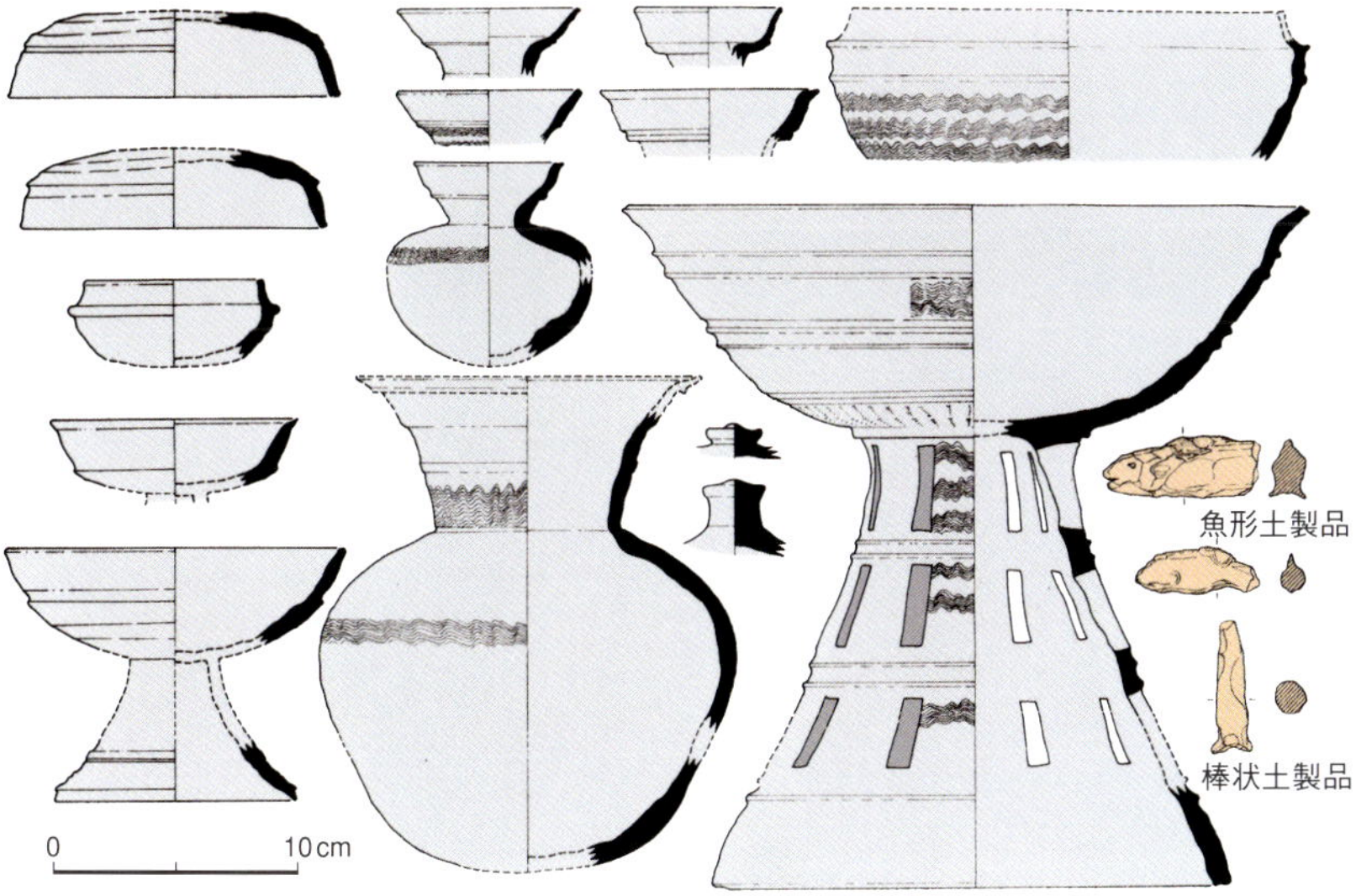


**図39 ● ウワナベ古墳造り出し出土の須恵器類と魚形土製品**
百舌鳥古墳群の大山古墳東側造り出しでは、須恵器大甕が採集されている。造り出しにおける土器や土製品を用いた古墳祭祀は、中期古墳の特徴でもある。

から、これをウワナベ古墳の写真とするのが適当ではないかとする。

## 米軍ブルトーザーの脇での陪塚調査

陪塚は、後円部北側外堤に沿って方墳一基（大和五号墳）、円墳二基（大和三・六号墳）が備わるとみられる。大和五号墳が変形しながらも現存する以外は、アジア・太平洋戦争時および戦後の軍用地に供されて破壊、消滅した。

大和五号墳は一辺一二・七メートルの方墳。墳丘裾と墳頂部に円筒埴輪列があり、墳頂部内側に家形埴輪を配置する。墳丘裾の円筒埴輪は鰭付きで、主墳であるウワナベ古墳のものと同様である。施設は不詳だが鉄鏃類・鉄刀などが出土した。

大和六号墳（宮内庁の旧陪冢ろ号）は、直径二五メートルの円墳で大量の鉄鋌《てってい》の出土で知られる（図41）。占領米軍のキャンプ施設建設のために破壊された。敗戦まもない一九四五年一二月二六日から四六年一月八

図40●ガウランド撮影の円筒埴輪列（1886〜88年に撮影）
周濠の波浪による浸食か、崩落状態にある。ほぼ同じアングルの写真がヒッチコックの論文「日本の古墳」1891にある。（）

日に緊急調査がおこなわれた。調査者の森浩一氏は「先輩たちは米軍に気をつかって、写真もとらず図面作りもしないという。戦争中、陸海軍の要塞など軍の施設で写真をとるなど考えられないことで、その延長として配慮してのことであろう。だがせめて図面はとりたい。僕は自力で実測図のもとになるようにスケッチを描きだした。ブルトーザが作業を始めてもスケッチをつづけたら、兵士は埋納箇所をあとにして古墳のはしから取りこわしをしてくれた」と当時の様子を記している。この時、作成されたスケッチは陪塚の主体施設の遺物出土状況を示す報告に活かされた。

墳丘裾部に円筒埴輪列、その内側に家形、蓋形埴輪を配置し、墳丘頂上部中央の表土直下で遺物がみつかった。範囲は東西の長さ二・二メートル、幅は西側で広く、東側で狭くなる。西側三分の二に大鉄鋌二八二枚、周囲に小鉄鋌五九〇枚が置かれ、大鉄鋌は紐で束ね各連にまとめられ、積み上げられていた。東側には石製模造品と大量の鉄製農工具が置かれていた。種類ごとに木箱に容れて収めたのではないかとされる。

鉄鋌は総重量約一四〇キログラムにおよぶが、当時

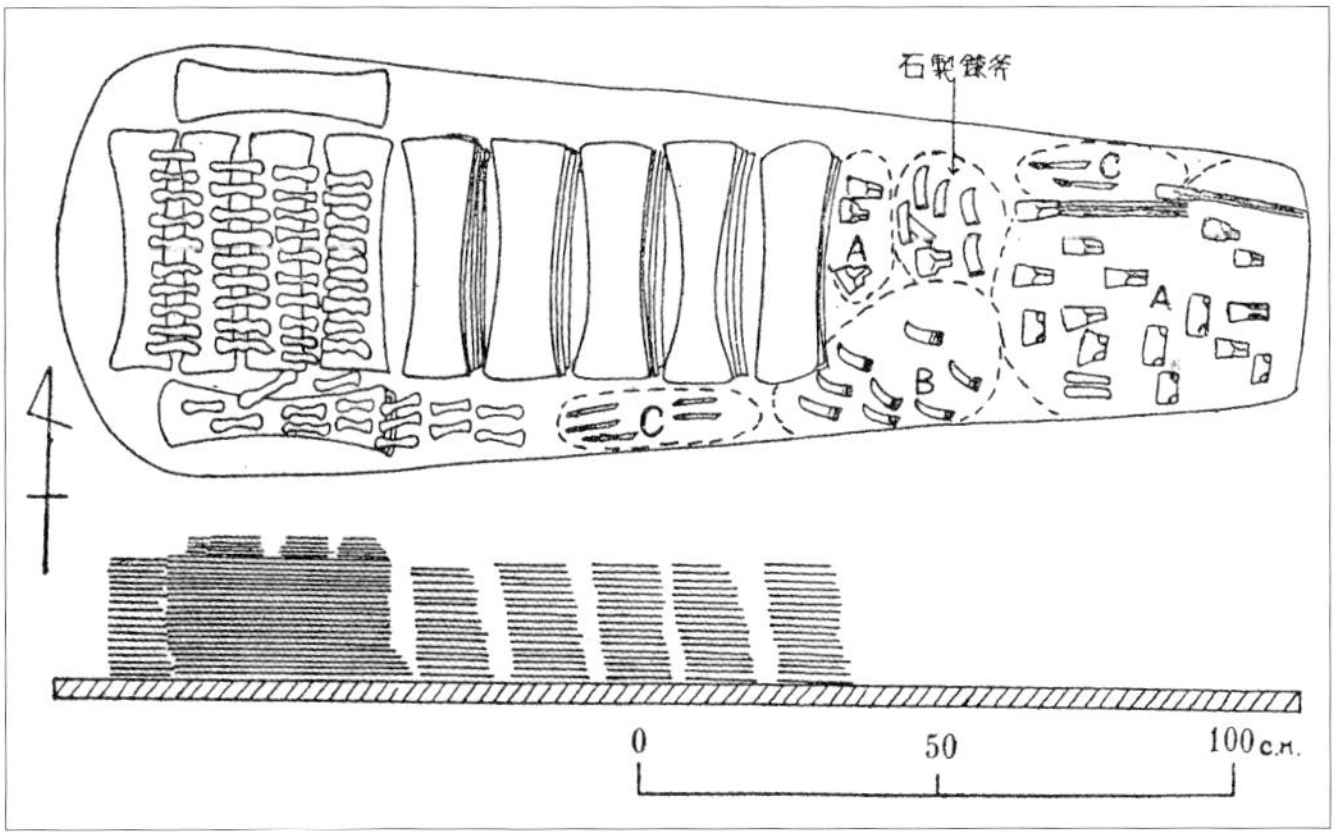


**図41 ● 森浩一氏による大和6号墳の鉄鋌等の出土状況**
器種ごとに木箱に収めて配置されたと考えられている。鉄鋌のほか、鉄製農工具類（図のA鉄斧、B鉄鎌、C刀子など）、斧形石製模造品・鎌形石製模造品（図の石製鎌斧）が出土。宮内庁書陵部では、保存処理された遺物を2009年に図に則して復元展示した。その際の森氏の教示では、図の輪郭線は遺物の出土範囲を示したもので、埋納施設や掘り方のラインではないとのことであった。

の日本列島内で鉄生産は技術的に困難だった。鉄素材として朝鮮半島南部からもたらされたものだろう。実際、伽耶や新羅の古墳からは副葬品となった鉄鋌出土例が増えている。「中期ヤマト政権」における東アジアとの交流と鉄の安定供給の証拠ともいえる資料だ。

それにギッシリと詰まった施設の内部空間に人体埋葬はなく、遺物埋納施設としての機能を示す。占領下の発掘調査は今では想像もつかないが、調査記録作成への気骨が示された作図は陪塚の意味を考えるうえで重要な手がかりを与えている。

また、大和三号墳の西北には大和四号墳が存在した。直径一〇・六メートルの円墳で、鉄剣・鉄矛・鉄製農工具類・石製模造品などの出土品は宮内庁所蔵となっている。なお、JR関西線をはさんだ東側の丘陵裾に方墳一基と墳長五六メートルの小形前方後円墳（宮内庁の宇和奈辺陵墓参考地飛地い号・大和二号墳）が存在するが、資料不足のため本墳との直接的な関係は今のところ不明とせざるをえない。

## ヒシャゲ古墳

### 佐紀古墳群最後の大形前方後円墳

ヒシャゲ古墳は、東西に行儀良く並んだコナベ古墳とウワナベ古墳の北にある。中期後葉以降に営まれた佐紀古墳群最後の大形前方後円墳である。北から延びる丘陵を利用して南向きの墳丘を築く。

墳長二一九メートル、後円部直径一二五メートル、前方部幅一四五メートル、前方部は開き気味、三段築成のようだが等高線に乱れがあり不明瞭、東側くびれ部には造り出しがある。二重の盾形周濠で、前方部中央での現況の内濠幅三〇メートル、内堤幅二〇メートル、外濠幅二〇メートル、外堤幅一二メートルをはかる。陪塚は北側に円墳二基、北東側に方墳二基の配置がある。

## 江戸時代の陵墓治定

元禄修築では、平安時代の天皇である平城天皇の「楊梅陵」となる。『御陵所考』（元禄山陵絵図）には、後円部頂上の窪みが描かれており、既掘坑とみられる。『廟陵記』（文化山陵絵図）には前方部側が二重周濠に描かれ、詞書には「池廻リ土砂為シ　壺伏セ」とある（図42）。堤部分の埴輪列を示したものだろう。

蒲生君平『山陵志』（一八〇八年〈文化五〉）は「元正陵の西北に大冢あり、あるいはみだりに認めて平城陵となす。今これを検《み》るに、その形宮車に象り、しかして南面しかつ環らすに溝をもってすること二匝《めぐり》なり。（中略）仁徳の皇后岩之姫は奈良坂に

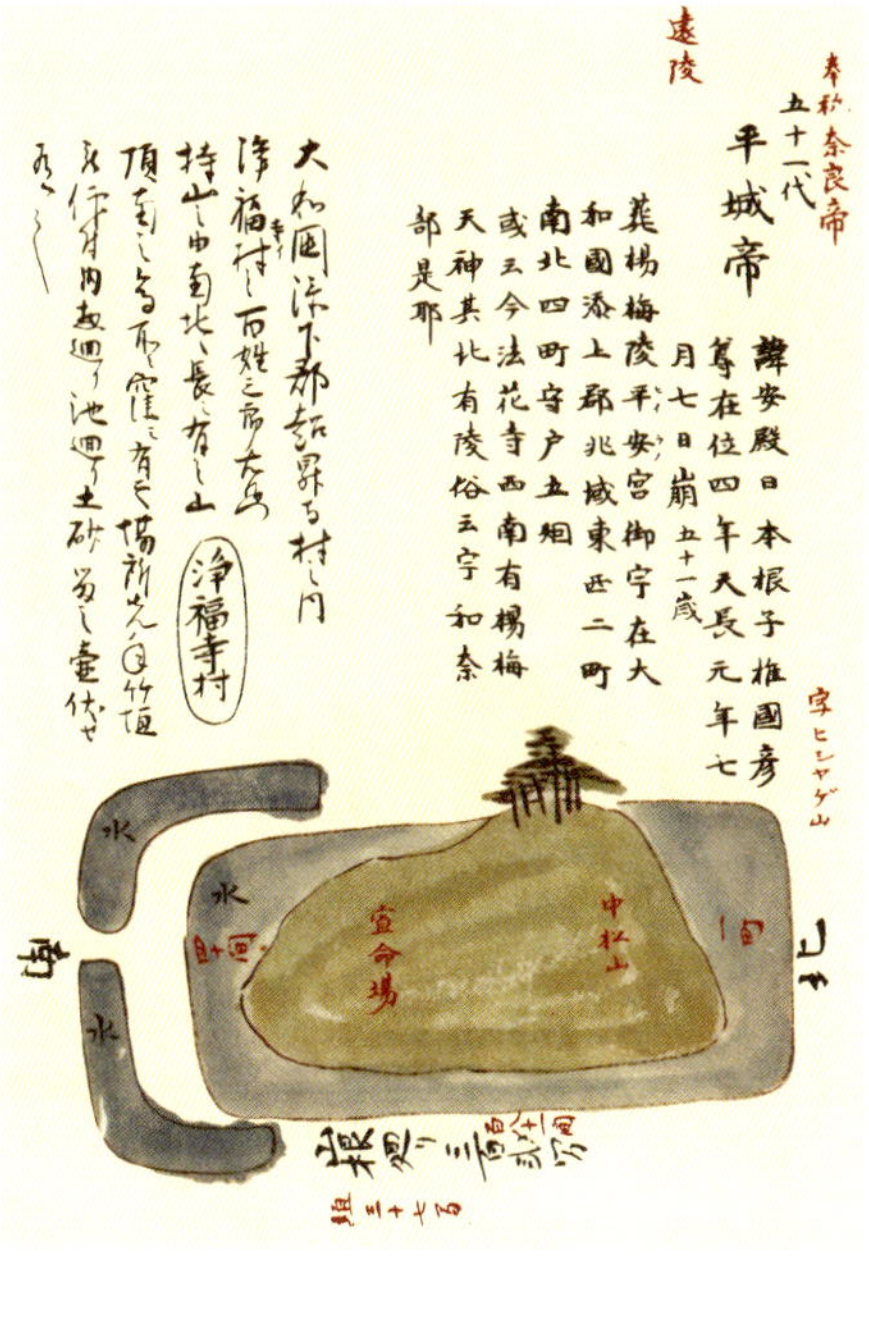


図42●『廟陵記』にみるヒシャゲ古墳
文化山陵絵図は1808年（文化5）に完成。俯瞰の位置で、元禄山陵絵図にくらべると、やや遠方からの構図。樹木の種類も明記。

葬らる。あるいはこれなるか」として、当時、定着しつつあった「楊梅陵」とすることに異を唱え、かわりに磐之媛の「平城坂上陵」の可能性を示した。

文久修築事業に関連しては、谷森善臣『藺笠のしづく』に蒲生君平説への支持とともに「ヒシヤゲとよぶ大塚あり。御在所円く、前は方にて、めぐりに堀二重にあり。その外堀も中の堀との間の堤の土中に壺つらなりて埋もれてあり」とある。二重周濠の指摘とともに内堤上の埴輪列について書きとめた。一八七五年（明治八）の現治定もこのような経過の末に決定された。

## 復元された円筒埴輪列

江戸時代の人が注視した埴輪列は、一九九三年の奈良県立橿原考古学研究所の発掘調査によって明らかとなる。後円部東側くびれ部相当の内堤の外法《そとのり》肩部分で円筒埴輪列が

**図43 ● ヒシャゲ古墳内堤の円筒埴輪列**（右）**と遺構復元**（左）
佐紀古墳群の大形前方後円墳の円筒埴輪はどこで焼かれたか。菅原東遺跡埴輪窯は、古墳時代後期（６世紀代）を中心に操業。秋篠川の水運を利用して奈良盆地北部・中部に供給したといわれている。ヒシャゲ古墳の築造時期とは時期差がある。

みつかった。現在、奈良県の風致保全整備事業の公園となって一部は遺構復元がなされ、複製埴輪が立つ（図43）。住宅地の一角にあり、目立たないが景観行政と文化財行政がうまく整合した事例だ。ぜひとも訪れてもらいたい。

外濠を横断する渡土堤の存在も確認された。一九九四年には宮内庁の前方部側の調査もおこなわれた。墳丘裾葺石の一部で二重に施工された可能性がある。また内堤部分の埴輪列も明らかとなった。内側と外側、それぞれの法肩部分に配置される。つまり内堤上を二重にめぐる。

出土の円筒埴輪は六条突帯七段の窖窯焼成品で、B種ヨコハケ各種がみられる。古市古墳群の市野山古墳に典型的な円筒埴輪との共通性が指摘されている。形象埴輪には蓋形か草摺《くさずり》形とみられる破片がある。

## 東群北小支群

コナベ古墳とウワナベ古墳の北側丘陵部に存在した。ここは航空自衛隊幹部候補生学校の敷地で南正面にはゲートがあり、フェンスで囲われた基地内への自由な立ち入りはできない。それに東群北小支群を構成した古墳は地上に痕跡を残さず、今はグラウンドや建物施設となる平坦な敷地が広がるばかりだ。

すでに記したように、戦中・戦後に軍用地として造成され、多くの古墳が宮内庁陪塚も含めて、ほとんど実態不明のまま削平されてしまった。そのため従来は東群の大形前方後円墳とともに群形成されたものと理解されるものの具体性を欠くものだった。このようななか一九九〇年代以降、学校施設の改築などにともなう奈良県立橿原考古学研究所の事前緊急調査があり、北小支群の内容が少しずつわかるようになってきた（図34）。

もとは磐之媛命陵陪冢へ・と・ち号（北から一一・一二号墳、一三号墳、一四号墳）および宇和奈辺陵墓参考地陪冢ろ号（大和六号墳）ほかの営みがあった。前方後円墳二基、方墳ないしは円墳一二基程度の構成となる。

二〇〇四年の調査で、墳丘は残らないが、周濠を遺存した一四号墳が姿をあらわした。墳長七〇メートルの前方後円墳で、鍵穴形周濠が備わる。有黒斑で野焼き焼成、方形スカシをもち、方形刺突による突帯貼付け技法が観察できる古墳時代前期後葉の特徴をもつ円筒埴輪が一定数量、周濠内から出土した。一一・一二号墳は、合わせて一基の前方後円墳となることもわかった。推定墳長七〇メートル。同じ時期ごろの築造かとみられる。

さらに北側には、中期前葉ごろの埴輪棺の検出があった。群形成をなす継続性のある中形前方後円墳や従属葬の存在が確実視されるようになるとともに、その開始がコナベ古墳に先行することが明らかとなった。

## 東群南小支群

自衛隊学校のゲートは東にウワナベ古墳、西にコナベ古墳の間に位置する。ゲート前の道路を南に下ると、ほどなく西方に小高くなった墓地を見る。コナベ古墳南側外堤から南方約二〇〇メートル、木取山古墳の後円部だ。前方部は平城京関連の造営で削平されたとみられる。墳長一一〇メートル、埴輪を備える中期前葉に築かれた中形前方後円墳である。

さらに二〇〇四年、海竜王寺、法華寺の南東方向の住宅開発に対する奈良市教育委員会の事前調査で、削平された推定墳長一〇七メートルの中形前方後円墳の法華寺垣内古墳が新規確認された（図44）。コナベ古墳からは南方約四〇〇メートルにあたる。有黒斑、方形透孔の円筒埴輪をもち、周濠と葺石が備わる。中期前葉ごろの築造かとみられる。

ウワナベ古墳の南方でも、先に紹介した国道二四号線バイパス建設にともなう事前緊急調査がおこなわれている。ウワナベ古墳からは南へ約二〇〇メートル、中期前葉に築かれた古墳がみつかっている。平塚一号墳で、西向きの前方部長は一八メートルと短め、復元すると墳長約七〇メートルとなる。帆立貝形前方後円墳は、佐紀古

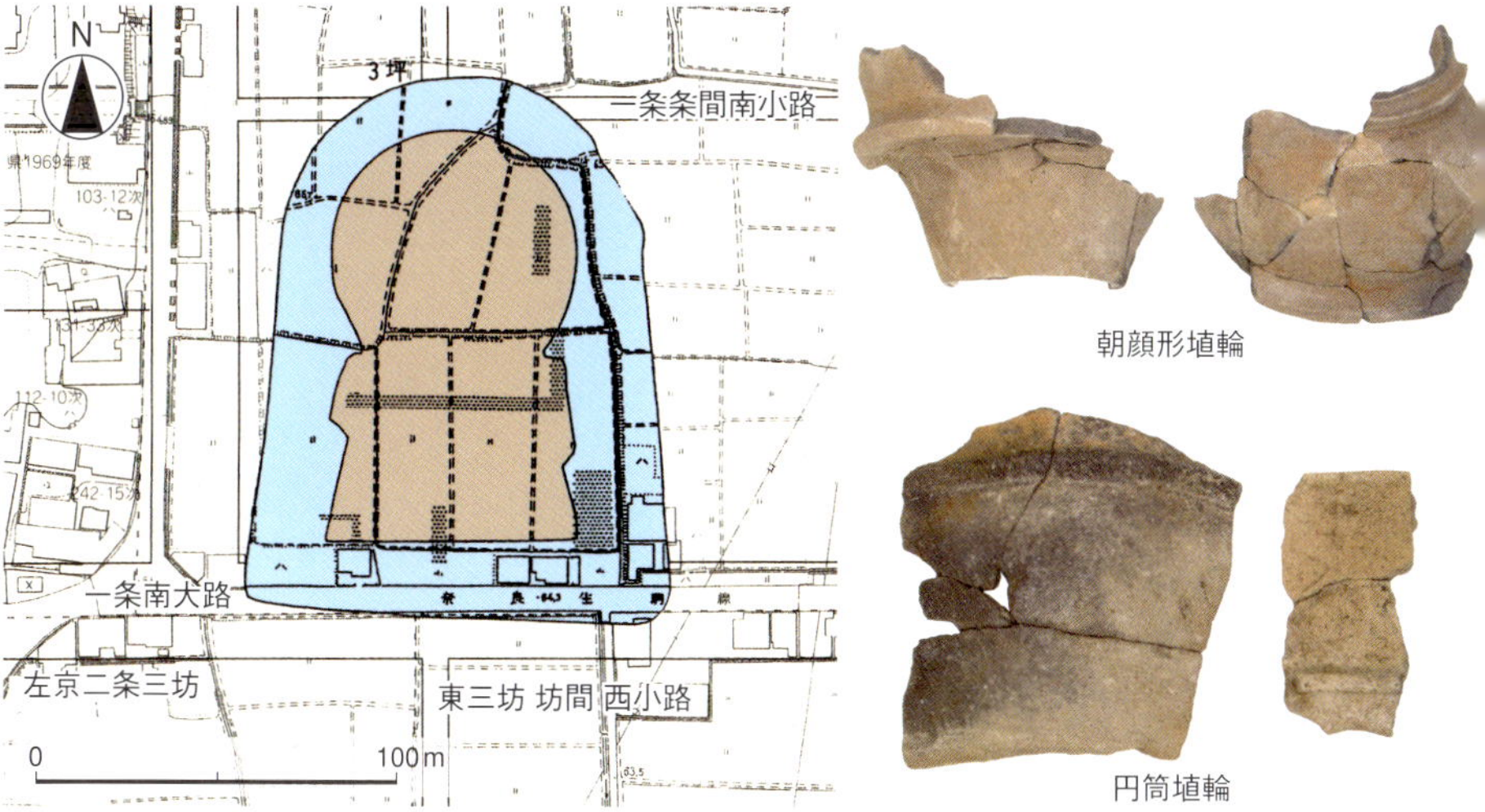


図44 ● 法華寺垣内古墳と出土の円筒埴輪（アミ目は調査区）
本墳の確認は西群に引きつづき、東群も当初から階層性のある営みを創ることを意図したことを示す。奈良市教育委員会復元案は、コナベ古墳の墳形に近い。

墳群ではめずらしい。平城京条坊施工時に削平されたとみられる。周濠は盾形か、後円部の一部は平城京左京一条三坊十六坪の宅地内に残骸として近世まであったらしい。

埴輪と葺石が備わる（図45）。後円部をめぐる六本の円筒埴輪が原位置にあり、四条突帯五段、有黒斑の野焼き焼成品である。北側くびれ部では水鳥形埴輪の集中がみられる。六個体分の頭部が出土した。ほかに家形、馬形、襞《ひだ》を篦《へら》描《が》きの沈線文様で表現した蓋形がある。コナベ古墳築造時期に前後する営みである。

さらに南にある平塚二号墳は、後続する中期中葉以降に築かれた。西向きの前方後円墳で削平された状態でみつかった。墳長七三メートル、後円部は東三坊大路に重複する。四条突帯五段、黒斑はなく窖窯焼成品の円筒埴輪、朝顔形埴輪、形象埴輪には家形、蓋形、盾形、短甲形、水鳥形、動物形（猪か）があり、水鳥形は一号墳とは逆で南側くびれ部に集中すると報告された。

**図45 ● 平塚1号墳の墳丘基底部分と葺石**
墳丘上部は削られているが、基底石や裾部の葺石はよく残る。

# 第5章　西の京丘陵の古墳を歩く

西群の佐紀御陵山古墳から宝来山古墳までは南北約二・二キロの距離がある。復元された平城宮中央区大極殿（第一次大極殿）から南西方向を見ると、否がおうにも宝来山古墳の墳丘を覆う樹叢が視界に入る。大極殿では天皇の即位式はもちろん、国家の重要儀礼がおこなわれた。奈良時代の歴代天皇や貴族、僧侶、庶民も古墳を眼にしたにちがいない。

当時の人びとの陵墓に対する具体的認識を示す史料には恵まれないが、正史の『続日本紀』霊亀元年（七一五）夏四月九日条には「櫛見山陵に守陵を三戸設け、伏見山陵には四戸を置いた」とある。陵墓の管理者である陵戸が定員を満たしていないための増員記事とみられ、平城遷都にともなう制度上の処置だと考えられている。分注により「櫛見山陵」は垂仁陵、「伏見山陵」は安康陵であることを記す。宝来山古墳と兵庫山古墳のことだと思われるが、確定はできない。

宝来山古墳の姿はまた、近鉄尼ヶ辻駅の西側に満々と水をたたえた幅広い周濠と前方後円墳の側面を車窓から眺めることができる。駅の北側の東西道路は平城京三条大路に相当するが、ここで下車して西に歩くと、ほどなく宝来山古墳の後円部東北部分が見えてくる。

兵庫山古墳は道の北側にある。家並みの隙間に墳丘をのぞくことができる。周辺には他に数基の古墳がある。秋篠川右岸域で、平城京の西側にある西の京丘陵縁辺に営まれた宝来山古墳を中心とする一群を佐紀古墳群南群とした（図46）。

宝来山古墳と大形円墳の兵庫山古墳、宮内庁飛地は号などからなる。大形前方後円墳と大形円墳が組み合わさり、階層的構成となる。仮に宝来山古墳とその他に時期差があり、連続的営みであったとしても前後二時期程度と見込まれる。

## 宝来山古墳

南向きの大形前方後円墳（図47）。墳長二二七メートル、後円部直径一二三メートル、前方部幅一二〇メートル。三段築成、前方部前面幅五五メートルの鍵穴形周濠がめぐる。幅が広く、同一水面でめぐる周濠として注意されてきた。

元禄修築以前から「垂仁陵」に固定された陵墓と思われがちだが、林宗甫《はやしそうほ》『和州旧跡幽《わしゅうきゅうせきゆう》考《こう》』（一六八一年〈延宝九〉）では「新田部親王の陵は俗に蓬莱とよぶ。親王をはうふり奉りしよしは招提寺の旧記にありとぞ」と記し、さらに「菅原伏見陵一基」（垂仁陵と安康陵）は「今此所の見わたしに陵あらず。世々を経て年ふりにたれば、をのづから陵夷しけるにや」と

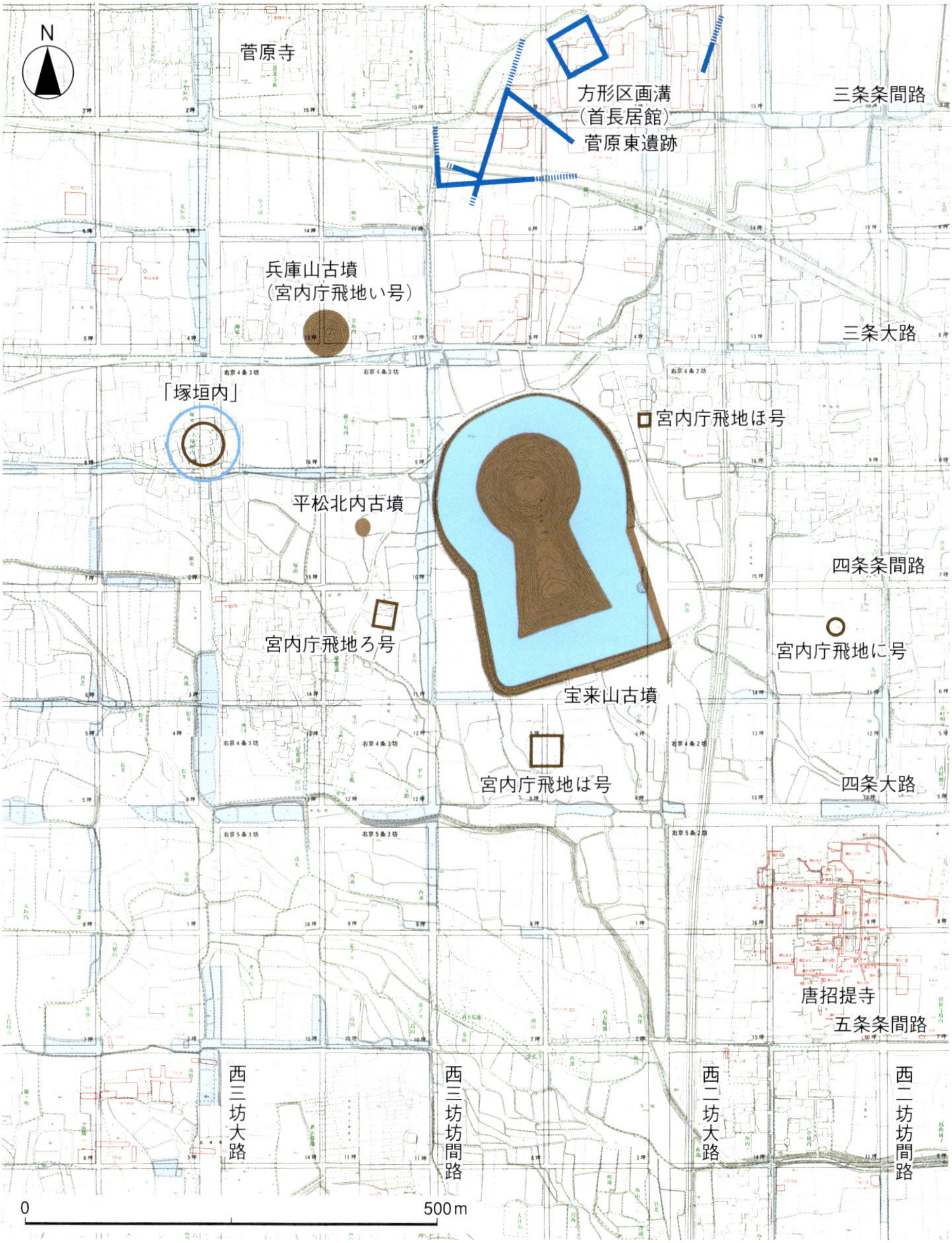


**図 46 ● 佐紀古墳群南群**
平城京の条坊道路の地割痕跡は薄い水色表示。三条大路は兵庫山古墳を避けるために狭くなったり、振れが生じた可能性がある。小字「塚垣内」周辺も条坊道路が規制されたとみえる

あり、本墳を「新田部《にいたべ》親王墓」(天武天皇の皇子墓)とみなしていた。これは元禄修陵にも影響を及ぼしたものか、冒頭に記したように「字 寶來山」、「一 垂仁天皇御陵　但新田邊親王也と両説申候」といった回答となる。

『廟陵記』には、墳丘頂上部の窪みに言及しており既掘を示すが、本墳も「成務陵」とされた佐紀石塚山古墳、「称徳陵」となる五社神古墳とともに嘉永年間に盗掘をうける。一八四九年(嘉永二)九月に「東南之方」を「幅深サトモ六尺許」を掘り下げたところ棺身長一・八メートル、幅九〇センチ、高さ九〇センチ、棺蓋長二・一メートル、幅九〇センチに換算できる石棺があらわれた。石棺の形状について「同覆ハ亀之形ニ相成」とあり、長持形石棺と推測できる。棺内には「長三尺計程之朽木一本有之」とある。盗掘者は長さ九〇センチほどの木鞘に入った鉄刀をみたのであろうか。記録された数値どおりだとすると、墳丘の割にはやや小振りに思える石棺である。もちろん埋葬施設はこれが唯一とは限らない。

ところで現在、前方部東側周濠内に「田道間守墓《たじまもりぼ》」と称される浮島が存在する。これは江戸時代の山陵絵図はもちろん、精緻な「御陵図」上(明治一二年山陵絵図)にも描かれていない。東南部の周濠は、明治期に溜池灌漑機能を高めるために外堤を削平して拡張されたものとみられ、「田道間守墓」は本来の外堤箇所に新たに設けられたものだろう。ただし、先の『廟陵記』などに周濠の南側部分に「橘諸兄公ノ塚」の存在を示した記述がある。普段は水中に没しており、渇水時にあらわれたらしい。「田道間守墓」を造成する前提にこの「塚」の存在があったとも考えられる。周濠内にあることや低墳丘であること、さらに前方部側面の位置にある

**図 47 ● 宝来山古墳と周辺**（南東から、1962年 12月撮影）
平城京三条大路は、西進すると暗峠（くらがりとうげ）を経て河内にいたる。西三坊坊間路をはじめ、条坊道路が細長い水田地割りとなり、痕跡を留める。周辺への開発は緩慢とはいえ、現在の景観はこの写真からはずいぶんと変貌をとげている。

ことからみて、「塚」は、たとえば古市古墳群の藤井寺市津堂城山古墳《つどうしろやま》の島状遺構、馬見古墳群の広陵町巣山古墳《すやま》の出島状遺構、兵庫県神戸市の五色塚古墳《ごしきづか》の「東マウンド」、「北東マウンド」などの一種かもしれない。将来、明らかになることを期待したい。

出土遺物についての情報も乏しい。宮内庁採集資料として野焼きで円形スカシのある円筒埴輪、盾形、家形、靫形《ゆき》埴輪がある。また、後円部側の外堤付近には住宅建設がおよぶこともあるが、現時点では円筒埴輪列などの存在は報告されていない。西群の五社神古墳に前後する前期末葉ごろの築造になるとみられるが確定的ではない。なお、一九一一年の『考古学雑誌』には嘉永年間における銅鏡の出土を伝える。

## 兵庫山古墳ほか

宝来山古墳後円部側外堤の西北二〇〇メートルにある兵庫山古墳は、直径四〇メートルの大形円墳である。現在は、宮内庁飛地い号として管理される。江戸時代には牛頭天皇社《ごずてんのう》となるが元禄期以来、「安康陵」に考定されることが多かった。平城京の東西道路である三条大路がすぐ南側を通る。本来一六メートルある大路だが、この東西で幅員が狭められた可能性がある。

宝来山古墳くびれ部西方の皇大神社に隣接する宮内庁飛地ろ号は直線構成の高まりとなる。古墳の可能性もあるが定かでない。宝来山古墳の前方部側外堤南方五〇メートルにある宮内庁飛地は号も高まりとなる。古墳だとすると三〇メートル以上の規模をもつ。変形が著しく直線部分が目立つ。また、近鉄電車の線路を越えることになるが、宝来山古墳外堤東方二〇〇メートルにある宮内庁飛地に号も古墳の可能性がある。

つぎに宝来山古墳後円部側外堤西一〇〇メートル、平城京右京四条三坊十坪の南西部で弧状の溝の検出と家形、鰭付き円筒埴輪の出土があり、削平された古墳とみられる。大字名と小字名により奈良市教育委員会では、平松北内古墳と仮称した。これらは、宝来山古墳を主墳とする従属的な小形古墳群となるかもしれない。

また、宝来山古墳後円部側外堤西三〇〇メートルの箇所に、円形にめぐる地割痕跡が観察できる。中心部は屋敷地、周囲は田畑および道路となる。小字は北部が「塚元」、中心部は「塚垣内」である。塚地名が残るように、中心部は周囲より一～二メートル程度の高まりになっている。古墳だとすると、西方から延びてくる丘陵先端に立地した円墳で、直径五〇メートル、幅一〇メートル程度の周濠を備えることになる。大字「宝来」と大字「平松」の大字界に位置するが、中心部の「宝来」を採り宝来塚垣内古墳と仮称しておく。

ここは平城京西三坊大路と四条条間北小路の交差点にあたるが、条坊遺存地割は右記の周濠推定部分などに接するところで途切れる。周濠推定地割部分は北・東・南に顕著だが、地形的に高くなる西側では観察できない。あるいはこの部分が造り出しや短い前方部となり帆立貝形前方後円墳となる可能性もある。仮に古墳だとすると、平城京造営に際して墳丘、周濠を完全に削平することなく、意図的に遺されたものかもしれない。

# 第6章　佐紀古墳群の意味

## 1　佐紀古墳群周辺の古墳時代集落

### 佐紀古墳群をつくりつづけた勢力の居住地

佐紀古墳群をつくりつづけた人びとがどこに住んでいたかは、長らくわからなかった。周辺の古墳時代集落について、少し触れておこう。

集落は離れたところにあり、可耕地として不向きの丘陵を墓域として利用したにすぎないという意見もあった。しかし、丘陵の谷間にあたる佐紀池周囲では、古墳時代前期の布留式土器のまとまった出土があり、佐紀池遺跡として知られるようになっていた。平城宮下層には、古墳時代前期集落が重なっている。また平城京西北方の秋篠川流域の遺跡密度は薄いが、古墳時代前期後半には秋篠《あきしの》・山陵《みささぎ》遺跡や山陵町《みささぎちょう》遺跡などが営まれている。

最近では、西の京丘陵の北端あたり、秋篠川が形成した氾濫平野にある古墳時代集落の存在がわかってきた。菅原東遺跡である（図46参照）。ここには、すでに古墳時代前期前半にはじまる可能性がある直線の溝で区画された首長居館も存在する。大和西大寺駅東北側の西大寺東遺跡（西隆寺下層）では、長方形の板状の角柱を用いた大型建物がみつかっている。同様の柱は、葛城地域の首長直営の儀礼関係施設とみられる極楽寺ヒビキ遺跡でも使われている。周辺での古墳時代集落遺跡の構造分析がもっと進めば、これらの遺跡の首長がどのような規模の古墳を築いたかが見えてくるだろう。

## 諸王の割拠

佐紀古墳群の造営以前から造営終焉時期の中期末葉まで、盆地北部における集落の存在がわかったことで、佐紀古墳群を盆地北部の勢力が経営したといってよい状況が整いつつある。しかも、その時期は盆地東南部の大和《おおやまと》・柳本《やなぎもと》古墳群の造営後半の時期に重なる。盆地北部と東南部、さらに馬見古墳群がある盆地西南部には互いにかかわりをもち、時に伍する勢力が存在したと想定すべきだと考えており、こういった古墳時代前期の近畿中部の社会を、私は「諸王の割拠」状況とよんでいる。

奈良盆地の狭い範囲において対立構図が展開したと煽《あお》っているのではない。大古墳群をつくり「累積」を重ねた勢力が直営する経済基盤となる地域が想定できることから、その後の展開をよく理解するためにも、これら奈良盆地の三つの地域にある大古墳群と周辺における動向を細別的にとらえておきたい。

## 2　佐紀古墳群の特性

### 前期末葉から中期前葉の間、複数の古墳を重層的に造営

新たな成果として五社神《ごさし》古墳の編年上の位置が改まり、宝来山古墳、コナベ古墳の造営時期に近接するとみられるようになった。これは市庭古墳の評価にも及ぶ。世代ごとに大形前方後円墳を一基ずつ築造したというよりは、重複した造営契機があったとみるのが妥当で、大形前方後円墳の被葬者となる人物の活動が同時代に一人でない可能性が高いということである。すなわち、佐紀古墳群では前期末葉から中期前葉にかけて二世代程度の間、複数の大形前方後円墳を営むという構造が認められる。これを特性の第一とする。

東群に小支群を構成する中・小形前方後円墳の存在や内容がわかってきた。東群の動態として以下の点があげられる。①開始時期が前期にある。②開始が大形前方後円墳の造営を契機とするものではなく、中形前方後円墳にある。西群の西小支群（大形前方後円墳）と東小支群（中形前方後円墳、大形円墳）の関係と同じように、大形前方後円墳と中形前方後円墳の併行した造営といった重層的な構造が展開したとみられる。これを特性の第二とする。

### 古墳時代中期の諸特徴の初期事例が集中

特性の第三は、古墳時代中期の巨大前方後円墳における諸特徴の初期事例が多くみられることである（図48）。もちろん、ここに掲げた事例に型式学上の検討がともなうことは言うまで

もない。たとえば、①の石棺採用の初期事例だが、近畿中部の大形前方後円墳における石棺採用の嚆矢が佐紀御陵山古墳にあるか、どうかである。すでに触れたが「屋根形石」は刳抜式石棺の蓋石の可能性があり、かつ二次的埋葬施設にともなう可能性もある。そして⑦の長持形石棺は、佐紀石塚山古墳には確実に採用されている。しかしながら、大阪府藤井寺市の津堂城山古墳に長持形石棺が成立するとみるのが定見だ。

古墳時代前期末葉以降の古墳編年のなかで、どちらが先か、決するのは難しい。しかも、柳本古墳群で、石棺がはやくに採用された可能性もある。幕末の嘉永年間（一八四八〜一八五四）に柳本藩の渋谷村に出土し、重要文化財にもなっている蛇紋岩製石枕（関西大学蔵）がある。枕と棺が同じ材質によることが普通であることからすると、この石枕が使われたのは石棺であった蓋然性が高い。しかも石枕の底は平たいので、棺身の底面が平たい形態の石棺に安置されたことを示すと考えられる。出土は、渋谷向山古墳（現・景行陵）が候補となる。

大古墳群の大形前方後円墳において、石棺採用がほぼ同時期になされるのは、今までと違う新たな「情報・もの」が、同レベルで一時に波及する首長関係にあったからであり、また同時にモダニズムを共有する関係にあったからともいえる。佐紀古墳群を造営した首長たちは確かにその情報網に組み込まれていたのである。

①佐紀御陵山古墳：石棺採用の初期事例
②佐紀御陵山古墳：前方部横断渡土堤設定の初期事例
③佐紀御陵山古墳：島状遺構の初期事例の可能性
④佐紀御陵山古墳：石製模造品の初期事例
⑤佐紀御陵山古墳：盾形埴輪・蓋形埴輪の初期事例
⑥佐紀石塚山古墳：陪塚採用の最初期事例
⑦佐紀石塚山古墳：長持形石棺採用の最初期事例
⑧佐紀石塚山古墳：柵形埴輪の初期事例
⑨五社神古墳：造り出しにおける祭祀の初期事例
⑩宝来山古墳：同一水面周濠の初期事例
⑪市庭古墳：二重周濠の初期事例

**図48 ● 佐紀古墳群大形前方後円墳の特性**
初期事例は、おもに西群の大形前方後円墳に認められる。百舌鳥・古市古墳群の出現、展開により、状況変化が起きた。

## 3 百舌鳥・古市古墳群の出現と佐紀古墳群

四世紀末葉に百舌鳥・古市古墳群が出現（津堂城山古墳の築造が先行するが、大古墳群としての経営は、仲津山古墳以降に開始）し、「倭の五王」による東アジア世界へのデビューがはじまる。一般的理解からみると異論となるが、百舌鳥・古市古墳群の超大形前方後円墳の存在をもって「大王」が登場したと私は評価している。すなわち、軍事によるカリスマとしての職位の世襲傾向を強め、政権内の軍事的支配の秩序化をはかる「大王」の存在がある。

この時期、佐紀古墳群の地域首長（諸王）は、五世紀の倭国において「大王」に次ぐ政治的役割・社会的位置を担ったものと推測する。佐紀古墳群の東群の大形前方後円墳の被葬者は、たとえば『宋書』倭国伝にみる四三八年（元嘉一五）、中国の劉宋《りゅうそう》の皇帝（文帝）に倭王珍《ちん》と同時に叙正（平西・征虜・冠軍・輔国将軍号）を求め、許可される倭隋《わずい》等一三人のうちの一人にあたるかもしれない。さらに四五一年（元嘉二八）の倭王済《せい》の遣使に際して、二三人に将軍と郡太守号が賜授されたとあるうちの一人なのかもしれない。

墳長三〇〇メートル以上の巨大前方後円墳が築かれた百舌鳥・古市古墳群とは、墳長だけでなく墳高・周濠規模においてもその差異は歴然としている（図49）。それでも佐紀古墳群の中央・東の大支群における安定的な営みをみるならば、「倭の五王」の時代の古墳時代政権内においてその社会的地位は安定的に継承されたものと思われる。

## 要衝の地、佐紀の大古墳群

大和川を媒介に河内とつながる盆地東南部、西南部、南部と違って、佐紀は異なる地域連携を模索できる地理的位置にある。本書冒頭にふれた山城への至近という地勢は、木津川を経て巨《お》椋池《ぐらいけ》、淀川、溯上しては近畿北部、また琵琶湖、すなわち近江につながる。木津川上流の名張川からは伊賀へもつながる。

山辺・磯城古墳群や馬見古墳群が大阪平野と奈良盆地南半を基盤とする大阪湾岸を内環とする古墳時代勢力とすれば、佐紀古墳群はその外環をとり巻き連携する古墳時代諸勢力と考えてみてはどうだろう。前者は「大

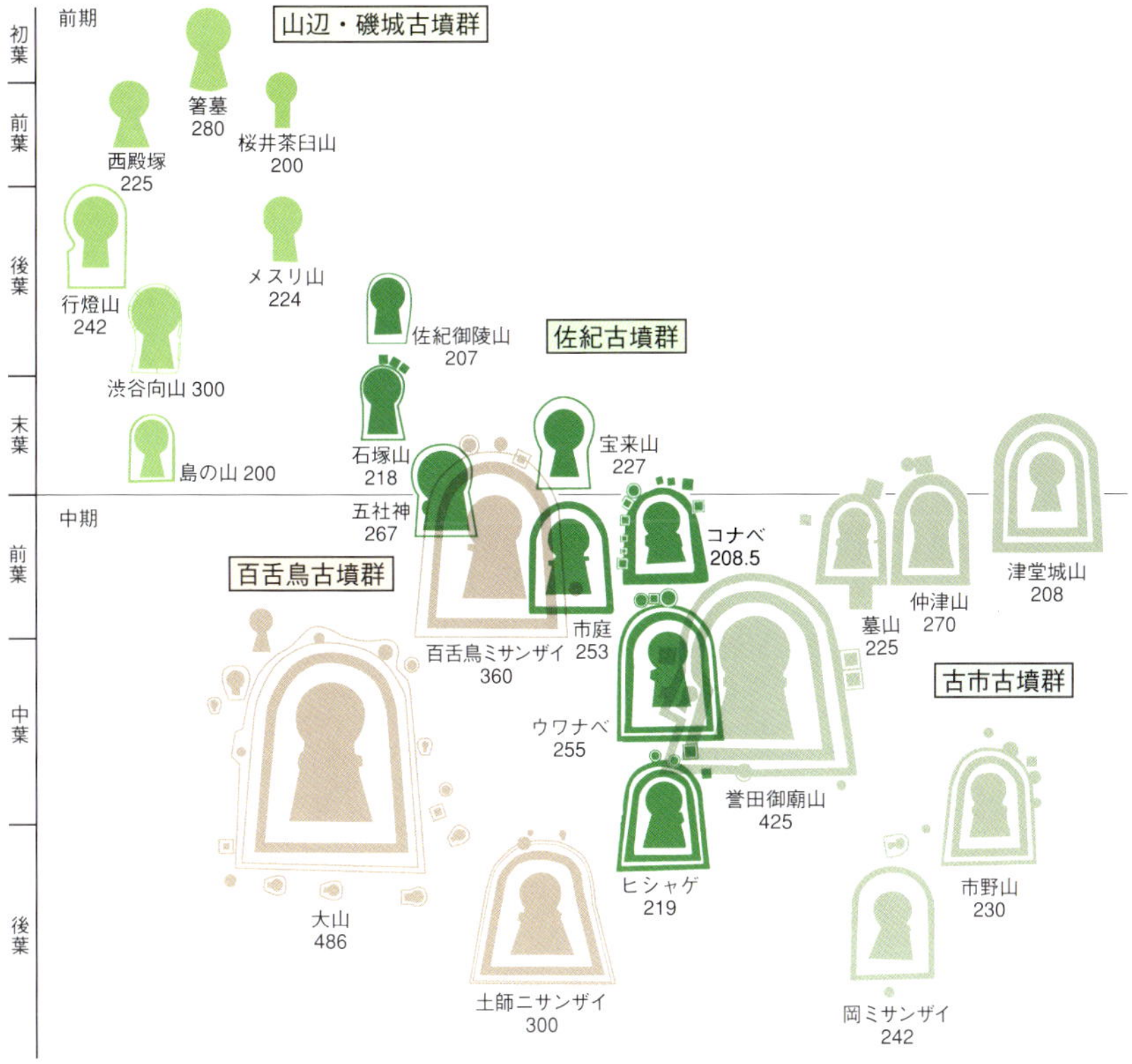


図49 • **山辺・磯城古墳群と佐紀古墳群、百舌鳥・古市古墳群の展開と消長**（数字は墳長）
古墳時代中期の百舌鳥・古市古墳群の超大形前方後円墳との墳丘・周濠規模の差違が際だつ。

王」中枢、後者は「大王」直近といった〝イメージ〟である（図50）。近畿中部からみて「北国」・「東国」への連環の中心に佐紀古墳群の首長の存在がある。これが百舌鳥・古市古墳群が展開するなかにおいても、前期後葉から中期末葉まで大古墳群としての営みが維持・継承された理由とはならないだろうか。

　百舌鳥・古市古墳群の隣接周辺では、古墳時代前期以来の地域首長墓の連続性が途絶えたり、和泉中部に典型なように五〇メートル程度の帆立貝形前方後円墳（信太《しのだ》貝吹山《かいぶきやま》古墳・カニヤ塚古墳など）の築造をみることになる。すなわち、前方後円墳の造営に対する統制が働いた。ところが、佐紀古墳群は大古墳群としてその「面目」を保ちつづけるのである。その根源は、古墳群を直接、経営した基盤勢力が、前期以来の勢威を損ねることなく、他でもない奈良盆地北部にありつづけたことによるものと考える。

　本書が古代史を魅了する「佐紀古墳群」を訪れる機会に、一助となれば幸いである。

図50 ● 百舌鳥・古市古墳群と佐紀古墳群の連関“イメージ”
大阪湾沿岸から河内潟、大和川・紀ノ川、奈良盆地南半をつなぐ内環の中心に百舌鳥・古市古墳群。淀川北岸から巨椋池、奈良盆地北半と周縁をつなぐ外環の中継地に佐紀古墳群がある。

## 参考文献


秋山日出雄・廣吉壽彦　一九九四『元禄年間 山陵記録』（財）由良大和古代文化研究協会
石田茂輔　一九六七「日葉酢媛命御陵の資料について」『書陵部紀要』第19号
一瀬和夫　二〇〇九『古墳時代のシンボル　仁徳陵古墳』シリーズ「遺跡を学ぶ」055　新泉社
今井　堯　二〇〇九『天皇陵の解明』新泉社
今尾文昭　一九九六「天皇陵古墳解説」『天皇陵古墳』大巧社
今尾文昭　二〇〇九『古墳文化の成立と社会』古代の日本の陵墓と古墳Ⅰ　青木書店
岡田憲一　二〇一一「古墳時代『首長居館』・菅原東遺跡の空間構成」『平城京右京三条二・三坊、菅原東遺跡』奈良県文化財調査報告書第一四九集　奈良県立橿原考古学研究所
加藤一郎　二〇一三「垂仁天皇 菅原伏見東陵採集の埴輪について」『書陵部紀要』第64号
河上邦彦　二〇〇六『大和葛城の大古墳群　馬見古墳群』シリーズ「遺跡を学ぶ」026　新泉社
岸本直文　一九九五「市庭古墳の復元」『文化財論叢Ⅱ』奈良国立文化財研究所
白石太一郎　一九九九『古墳とヤマト政権』文春新書036
白石太一郎　二〇〇〇『古墳と古墳群の研究』塙書房
末永雅雄　一九四九『奈良県史蹟名勝天然記念物調査抄報』第4輯
高木清生　二〇〇八「佐紀盾列古墳群東群の古墳分布復元試案」『王権と武器と信仰』同成社
高木博志　二〇一〇『陵墓と文化財の近代』日本史リブレット97　山川出版社
田中　琢　一九七七『鐸剣鏡』日本原始美術大系4　講談社
外池　昇　二〇〇五『事典 陵墓参考地』吉川弘文館
坂　靖　二〇〇九『古墳時代の遺跡学』雄山閣
広瀬和雄　二〇〇三『前方後円墳国家』角川選書355
広瀬和雄　二〇〇七『古墳時代政治構造の研究』塙書房
森　浩一　一九五九「古墳出土の鉄鋌について」『古代学研究』第21・22合併号
森　浩一　一九九八『僕は考古学に鍛えられた』筑摩書房


※報告書の多くについては紙幅の関係上、省略した。ご寛恕を乞う。

## 奈良県立橿原考古学研究所附属博物館

・奈良県橿原市畝傍町50−2
・電話　0744（24）1185
・開館時間　9：00〜17：00（入館は16：30まで）
・入館料　一般400円、高校・大学生300円、小中学生200円（特別展は別料金）
・休館日　月曜日（祝日の場合は翌日）12月28日〜1月4日
・交通　近鉄畝傍御陵前駅下車徒歩5分、橿原神宮前駅下車徒歩15分

館内の展示風景。佐紀御陵山古墳出土の蓋形埴輪複製品（左）とマエ塚古墳出土の朝顔形円筒埴輪（右）。“古墳のまつり”のコーナーには、ほかにも多くの埴輪が並ぶ。

# 刊行にあたって

「遺跡には感動がある」。これが本企画のキーワードです。

あらためていうまでもなく、専門の研究者にとっては遺跡の発掘こそ考古学の基礎をなす基本的な手段です。また、はじめて考古学を学ぶ若い学生や一般の人びとにとって「遺跡は教室」です。

日本考古学では、もうかなり長期間にわたって、発掘・発見ブームが続いています。そして、毎年厖大な数の発掘調査報告書が、主として開発のための事前発掘を担当する埋蔵文化財行政機関や地方自治体などによって刊行されています。そこには専門研究者でさえ完全には把握できないほどの情報や記録が満ちあふれています。しかし、その遺跡の発掘によってどんな学問的成果が得られたのか、その遺跡やそこから出た文化財が古い時代の歴史を知るためにいかなる意義をもつのかなどといった点を、莫大な記述・記録の中から読みとることははなはだ困難です。ましてや、考古学に関心をもつ一般の社会人にとっては、刊行部数が少なく、数があっても高価なその報告書を手にすることすら、ほとんど困難といってよい状況です。

いま日本考古学は過多ともいえる資料と情報量の中で、考古学とはどんな学問か、また遺跡の発掘から何を求め、何を明らかにすべきかといった「哲学」と「指針」が必要な時期にいたっていると認識します。

本企画は「遺跡には感動がある」をキーワードとして、発掘の原点から考古学の本質を問い続ける試みとして、日本考古学が存続する限り、永く継続すべき企画と決意しています。いまや、考古学にすべての人びとの感動を引きつけることが、日本考古学の存立基盤を固めるために、欠かせない努力目標の一つです。必ずや研究者のみならず、多くの市民の共感をいただけるものと信じて疑いません。

## 著者紹介


今尾文昭（いまお・ふみあき）

1955年兵庫県生まれ。同志社大学文学部文化史学専攻卒業。博士（文学）。奈良県立橿原考古学研究所調査課長。塩塚古墳、松林苑跡などの調査や特別陳列「佐紀古墳群の埴輪—宮内庁書陵部所蔵品を中心として—」（2004年）の企画・展示をおこなう。
主な著作　『古墳文化の成立と社会』・『律令期陵墓の成立と都城』・「近畿中・南部」『古墳時代　上』講座 日本の考古学7（青木書店）、『大和考古資料目録 前期古墳（1）』第11集（奈良県立橿原考古学研究所附属博物館）、「陵墓問題の過去と未来」『古墳と現代社会』古墳時代の考古学10（同成社）ほか


**写真提供（所蔵）**
奈良県立橿原考古学研究所：図1・33・43右・47／東京大学史料編纂所（東京大学文学部所蔵）：図4・20／国立公文書館：図5・17・35／梅原章一：図8・26・30／宮内庁書陵部陵墓課編 2005『古鏡集成』学生社：図13・14／河上邦彦：図16右／奈良県立橿原考古学研究所附属博物館：図18・p.93写真／早稲田大学図書館：図21／宮内庁書陵部陵墓課：図23／奈良市教育委員会：図36・44右／奈良文化財研究所：図37・45／British Museum: 図40／末永雅雄編 1982『廟陵記』青潮社：図42

**図版出典（一部改変）**
図2：下図は国土地理院1/25000地形図「奈良」／図3：下図は趙哲済・松田順一郎 2003「河内平野の古地理図」『大阪100万年の自然と人のくらし』日本第四紀学会／図9・44左・46：下図は奈良文化財研究所『奈良文化財研究所創立50周年記念 平城京条坊総合地図』／図12・15：石田茂輔 1967／図16：小島俊次 1969『マエ塚古墳』奈良県史跡名勝天然記念物調査報告第24冊 奈良県教育委員会／図19：宮内庁書陵部 1998『書陵部紀要』第49号／図22・24：宮内庁書陵部 2005『書陵部紀要』第56号／図27：奈良県立橿原考古学研究所 1990『松林苑Ⅰ』／図31：奈良国立文化財研究所 1976『平城宮発掘調査報告Ⅶ』／図32：奈良国立文化財研究所 1993『平城宮発掘調査報告XⅣ』／図34：下図は高木清生 2008／図38・39：奈良国立文化財研究所 1974『平城宮発掘調査報告Ⅵ』／図41：森浩一 1959／図44左：奈良市教育委員会 2006『古墳の残像』第24回平城京展解説パンフレット

上記以外は著者


シリーズ「遺跡を学ぶ」093

**ヤマト政権の一大勢力・佐紀《さき》古墳群**

2014年 6月1日　第1版第1刷発行

著　者＝今尾文昭

発行者＝株式会社　新 泉 社
東京都文京区本郷2－5－12
TEL 03（3815）1662／FAX 03（3815）1422
印刷／三秀舎　製本／榎本製本

ISBN978-4-7877-1333-9　C1021

# シリーズ「遺跡を学ぶ」

A5判／96頁／定価各1500円+税

## 第Ⅰ期（全31冊完結・セット函入 46500円+税）

01 北辺の海の民・モヨロ貝塚　米村　衛
02 天下布武の城・安土城　木戸雅寿
03 古墳時代の地域社会復元・三ツ寺Ⅰ遺跡　若狭　徹
04 原始集落を掘る・尖石遺跡　勅使河原彰
05 世界をリードした磁器窯・肥前窯　大橋康二
06 五千年におよぶムラ・平出遺跡　小林康男
07 豊饒の海の縄文文化・曽畑貝塚　木﨑康弘
08 未盗掘石室の発見・雪野山古墳　佐々木憲一
09 氷河期を生き抜いた狩人・矢出川遺跡　堤　隆
10 描かれた黄泉の世界・王塚古墳　柳沢一男
11 江戸のミクロコスモス・加賀藩江戸屋敷　追川吉生
12 北の黒曜石の道・白滝遺跡群　木村英明
13 古代祭祀とシルクロードの終着地・沖ノ島　弓場紀知
14 黒潮を渡った黒曜石・見高段間遺跡　池谷信之
15 縄文のイエとムラの風景・御所野遺跡　高田和徳
16 鉄剣銘一一五文字の謎に迫る・埼玉古墳群　高橋一夫
17 石にこめた縄文人の祈り・大湯環状列石　秋元信夫
18 土器製塩の島・喜兵衛島製塩遺跡と古墳　近藤義郎
19 縄文の社会構造をのぞく・姥山貝塚　堀越正行
20 大仏造立の都・紫香楽宮　小笠原好彦
21 律令国家の対蝦夷政策・相馬の製鉄遺跡群　飯村　均
22 筑紫政権からヤマト政権へ・豊前石塚山古墳　長嶺正秀
23 弥生実年代と都市論のゆくえ・池上曽根遺跡　秋山浩三
24 最古の王墓・吉武高木遺跡　常松幹雄
25 石槍革命・八風山遺跡群　須藤隆司
26 大和葛城の大古墳群・馬見古墳群　河上邦彦
27 南九州に栄えた縄文文化・上野原遺跡　新東晃一
28 泉北丘陵に広がる須恵器窯・陶邑遺跡群　中村　浩
29 東北古墳研究の原点・会津大塚山古墳　辻　秀人
30 赤城山麓の三万年前のムラ・下触牛伏遺跡　小菅将夫
別01 黒耀石の原産地を探る・鷹山遺跡群　黒耀石体験ミュージアム

## 第Ⅱ期（全20冊完結・セット函入 30000円+税）

31 日本考古学の原点・大森貝塚　加藤　緑
32 斑鳩に眠る二人の貴公子・藤ノ木古墳　前園実知雄
33 聖なる水の祀りと古代王権・天白磐座遺跡　辰巳和弘
34 吉備の弥生大首長墓・楯築弥生墳丘墓　福本　明
35 最初の巨大古墳・箸墓古墳　清水眞一
36 中国山地の縄文文化・帝釈峡遺跡群　河瀬正利
37 縄文文化の起源をさぐる・小瀬ヶ沢・室谷洞窟　小熊博史
38 世界航路へ誘う港市・長崎・平戸　川口洋平
39 武田軍団を支えた甲州金・湯之奥金山　谷口一夫
40 中世瀬戸内の港町・草戸千軒町遺跡　鈴木康之
41 松島湾の縄文カレンダー・里浜貝塚　会田容弘
42 地域考古学の原点・月の輪古墳　近藤義郎・中村常定
43 天下統一の城・大坂城　中村博司
44 東山道の峠の祭祀・神坂峠遺跡　市澤英利
45 霞ヶ浦の縄文景観・陸平貝塚　中村哲也
46 律令体制を支えた地方官衙・弥勒寺遺跡群　田中弘志
47 戦争遺跡の発掘・陸軍前橋飛行場　菊池　実
48 最古の農村・板付遺跡　山崎純男
49 ヤマトの王墓・桜井茶臼山古墳・メスリ山古墳　千賀　久
50 「弥生時代」の発見・弥生町遺跡　石川日出志

## 第Ⅲ期（全26冊完結・セット函入 39000円+税）

51 邪馬台国の候補地・纒向遺跡　石野博信
52 鎮護国家の大伽藍・武蔵国分寺　福田信夫
53 古代出雲の原像をさぐる・加茂岩倉遺跡　田中義昭
54 縄文人を描いた土器・和台遺跡　新井達哉
55 古墳時代のシンボル・仁徳陵古墳　一瀬和夫
56 大友宗麟の戦国都市・豊後府内　玉永光洋・坂本嘉弘
57 東京下町に眠る戦国の城・葛西城　谷口　榮
58 伊勢神宮に仕える皇女・斎宮跡　駒田利治
59 武蔵野に残る旧石器人の足跡・砂川遺跡　野口　淳
60 南国土佐から問う弥生時代像・田村遺跡　出原恵三
61 中世日本最大の貿易都市・博多遺跡群　大庭康時
62 縄文の漆の里・下宅部遺跡　千葉敏朗
63 東国大豪族の威勢・大室古墳群〔群馬〕　前原　豊
64 新しい旧石器研究の出発点・野川遺跡　小田静夫
65 旧石器人の遊動と植民・恩原遺跡群　稲田孝司
66 古代東北統治の拠点・多賀城　進藤秋輝
67 藤原仲麻呂がつくった壮麗な国庁・近江国府　平井美典
68 列島始原の人類に迫る熊本の石器・沈目遺跡　木﨑康弘
69 奈良時代からつづく信濃の村・吉田川西遺跡　原　明芳
70 縄紋文化のはじまり・上黒岩岩陰遺跡　小林謙一
71 国宝土偶「縄文ビーナス」の誕生・棚畑遺跡　鵜飼幸雄
72 鎌倉幕府草創の地・伊豆韮山の中世遺跡群　池谷初恵
73 東日本最大級の埴輪工房・生出塚埴輪窯　高田大輔
74 北の縄文人の祭儀場・キウス周堤墓群　大谷敏三
75 浅間山大噴火の爪痕・天明三年浅間災害遺跡　関　俊明
別02 ビジュアル版旧石器時代ガイドブック　堤　隆

## 第Ⅳ期　好評刊行中

76 遠の朝廷・大宰府　杉原敏之
77 よみがえる大王墓・今城塚古墳　森田克行
78 信州の縄文早期の世界・栃原岩陰遺跡　藤森英二
79 葛城の王都・南郷遺跡群　坂　靖・青柳泰介
80 房総の縄文大貝塚・西広貝塚　忍澤成視
81 前期古墳解明への道標・紫金山古墳　阪口英毅
82 古代東国仏教の中心寺院・下野薬師寺　須田　勉
83 北の縄文鉱山・上岩川遺跡群　吉川耕太郎
84 斉明天皇の石湯行宮か・久米官衙遺跡群　橋本雄一
85 奇異荘厳の白鳳寺院・山田寺　箱崎和久
86 京都盆地の縄文世界・北白川遺跡群　千葉　豊
87 北陸の縄文世界・御経塚遺跡　布尾和史
88 東西弥生文化の結節点・朝日遺跡　原田　幹
89 狩猟採集民のコスモロジー・神子柴遺跡　堤　隆
90 銀鉱山王国・石見銀山　遠藤浩巳
91 「倭国乱」と高地性集落論・観音寺山遺跡　若林邦彦
92 奈良大和高原の縄文文化・大川遺跡　松田真一
93 ヤマト政権の一大勢力・佐紀古墳群　今尾文昭
別03 ビジュアル版縄文時代ガイドブック　勅使河原彰
別04 ビジュアル版古墳時代ガイドブック　若狭　徹